Imagina

Español sin barreras | **THIRD EDITION**

Student Activities Manual

VISTA
HIGHER LEARNING

Boston, Massachusetts

Photography and Art Credits

All images © Vista Higher Learning unless otherwise noted.

ISBN: 978-1-62680-086-1

5 6 7 8 9 PP 19 18 17 16

Contenido

About the Student Activities Manual   v

WORKBOOK

Lección 1   1

Lección 2   13

Lección 3   25

Lección 4   37

Lección 5   49

Lección 6   61

Lección 7   73

Lección 8   85

Lección 9   97

Lección 10   109

LAB MANUAL

Lección 1   121

Lección 2   127

Lección 3   133

Lección 4   139

Lección 5   145

Lección 6   151

Lección 7   157

Lección 8   163

Lección 9   169

Lección 10   175

About the Student Activities Manual

Completely coordinated with the **IMAGINA, Third Edition** student textbook, the Student Activities Manual (SAM) provides you with additional practice of the language functions presented in each of the textbook's ten lessons. The SAM will help you develop your Spanish language skills—listening, speaking, reading, and writing—both on its own and in conjunction with other components of the **IMAGINA** program. The SAM combines two major learning tools in a single volume: the Workbook and the Lab Manual.

Workbook

Each lesson's workbook activities focus on developing your reading and writing skills as they recycle the language from the corresponding textbook lesson. Exercise formats include: true/false, multiple choice, fill-in-the-blanks, sentence completions, dehydrated sentences, personal questions, and paragraph writing. The workbook also includes art-based exercises and activities with cultural contexts.

Each workbook lesson reflects the organization of the textbook lesson; it begins with **Para empezar,** followed by sections on **Imagina** and **Estructuras.** Each lesson ends with **Composición,** which practices writing through a longer, more focused assignment.

Lab Manual

The Lab Manual activities and their corresponding audio MP3s (available on the Supersite) focus on building your listening and speaking skills as they reinforce the vocabulary and grammar of the corresponding textbook lesson. These activities provide the written and audio cues (direction lines, models, charts, drawings, etc.) that you will need in order to follow along easily. You will hear statements, questions, dialogues, conversations, monologues, commercials, and many other kinds of listening passages, all recorded by native Spanish speakers. You will encounter a wide range of activities, such as listen-and-repeat and listen-and-respond, comprehension checks and illustration-based work.

Each lesson of the **Lab Manual** contains a **Para empezar** section followed by an **Estructuras** section; these sections practice the grammar and vocabulary of each lesson. After that, the **Literatura** section plays the literary reading from the corresponding textbook lesson with comprehension activities. Each Lab Manual lesson ends with **Vocabulario,** a complete list of the active vocabulary you have learned in the lesson.

We hope that you find the **IMAGINA** Student Activities Manual to be a useful resource and that it will help you increase your Spanish language skills effectively and enjoyably.

The Vista Higher Learning editorial staff

PARA EMPEZAR

Lección 1

1

¿Cómo es? Completa el crucigrama con el adjetivo que corresponde a cada descripción.

1. Alguien que no dice la verdad.
2. Alguien que es muy afectuoso y que muestra las emociones fácilmente.
3. Algo que no es cierto.
4. Algo o alguien que no se puede olvidar.
5. Él la mira sólo cuando ella no lo mira. Ella lo mira y él baja la mirada porque tiene mucha vergüenza cuando habla con alguien.
6. El estado civil de alguien que vive en matrimonio.

2

No, no es verdad Laura le cuenta unos chismes sobre una pareja a su amiga Marina, pero Marina sabe que no son ciertos. Escribe lo que dice Marina, siguiendo el modelo.

modelo

> **LAURA** ¡Carla es insensible!
> **MARINA** *No, no es verdad. Carla es sensible.*

1. **LAURA** Fermín y Carla se odian.
   MARINA _____
2. **LAURA** Dicen que Fermín es muy inseguro.
   MARINA _____
3. **LAURA** Carla está muy ansiosa.
   MARINA _____
4. **LAURA** Ellos están decidiendo una fecha para divorciarse.
   MARINA _____
5. **LAURA** Ellos se llevan fatal últimamente.
   MARINA _____

Lección 1 Workbook **1**

3 **Otra historia** Reemplaza las palabras subrayadas con la forma correcta de las palabras del recuadro para contar una historia diferente.

celoso/a	discutir	odiar
compartir	inmaduro/a	separar
deprimido/a	mal	tener celos

María y Pedro se <u>conocieron</u> la semana pasada. Se llevan muy <u>bien</u>. María es muy <u>simpática</u> y Pedro es muy <u>gracioso</u>. Pedro <u>coquetea</u> mucho con María. Creo que se <u>quieren</u> mucho. Estas historias me hacen sentir <u>genial</u>.

María y Pedro se (1) _____ la semana pasada. Se llevan muy (2) _____.
María es muy (3) _____ y Pedro es muy (4) _____. Pedro
(5) _____ mucho con María. Creo que se (6) _____. Estas historias
me hacen sentir (7) _____.

4 **Oraciones** Usa cada una de estas palabras o frases en una oración donde quede claro su significado.

1. tímido _____

2. romper con alguien _____

3. cita _____

4. llevarse bien con alguien _____

5. gracioso _____

5 **Parejas** ¿Eres observador(a)? Elige una de las parejas y descríbela: ¿Cómo es cada uno? ¿Cómo es su relación? ¿Cuál es su estado civil?

_____

_____

_____

_____

_____

_____

_____

_____

2 **Lección 1** Workbook

IMAGINA

Lección 1

Estados Unidos

1 **¿Cuánto sabes?** Contesta las preguntas con oraciones completas.

1. ¿Por qué es popular el español en los Estados Unidos?

   _____

2. ¿Cuántos hispanos se calcula que va a haber en los Estados Unidos en el año 2020?

   _____

3. ¿Cuáles son algunos de los lugares donde se pueden encontrar comunidades hispanohablantes?

   _____

4. ¿Qué hechos de la vida diaria hacen palpable el crecimiento de la población latina?

   _____

5. ¿Qué influencia tienen los dibujos animados como Dora y Diego?

   _____

6. ¿Cuántos estudiantes de secundaria estudian español en los Estados Unidos?

   _____

7. ¿Qué aspectos de la vida del arquitecto argentino César Pelli puedes destacar? ¿Conoces alguna de sus obras?

   _____

8. ¿Quién es Jorge Ramos?

   _____

Flash Cultura

2 **¿Cierto o falso?** Después de ver el video, indica si lo que se dice en las oraciones es **cierto** o **falso**.

	Cierto	Falso
1. En la Puerta del Sol se encuentra el kilómetro cero de las carreteras españolas.	○	○
2. Los orígenes de la Plaza Mayor datan del siglo XVI.	○	○
3. En la Plaza Mayor se reúnen solamente las parejas de enamorados.	○	○
4. El barrio de La Latina, a diferencia de la Plaza Mayor, pertenece al llamado Madrid Antiguo.	○	○
5. En el barrio de La Latina se reúnen los jóvenes en cafés y bares de tapas.	○	○
6. En Madrid, las personas se levantan muy temprano los domingos.	○	○

Galería de creadores

1 **Un poco de arte** Completa los datos sobre la pintura de la página 15 de tu libro de texto.

Artista: _____

Origen: _____

¿Qué muestra la pintura? _____

2 **Analizar** Describe y analiza el contenido de la pintura.

1. ¿Dónde está la pareja?
   _____

2. ¿Qué tiene la mujer en la mano?
   _____

3. ¿Por qué crees que la artista ha elegido este tema?
   _____

4. ¿Te gusta? ¿Por qué?
   _____

3 **Hispanos célebres** Contesta las preguntas.

1. ¿Quién es Narciso Rodríguez?
   _____

2. ¿Cuáles son las características del estilo de Narciso Rodríguez?
   _____

3. ¿Dónde nació Julia Álvarez?
   _____

4. ¿Cuáles son algunos de los temas sobre los que escribe Julia Álvarez?
   _____

5. ¿Quién es el director de la película *El mariachi*?
   _____

6. ¿Cuál es uno de los premios que recibió la película *El mariachi*?
   _____

4 **Ahora tú** Elige un artista hispano que conozcas y que no esté en la **Galería de creadores**. Escribe un breve párrafo que describa sus principales logros (*achievements*).

_____

_____

_____

_____

ESTRUCTURAS

Lección 1

1.1 The present tense

1 **Conclusiones equivocadas** Felipe tiene la mala costumbre de sacar conclusiones demasiado generales. Completa las oraciones con la forma correcta del verbo de la primera oración de cada grupo.

1. Mi amiga Marina mira televisión todo el tiempo y es muy tranquila.

   Tú miras televisión y tú _____ tranquilo/a.

   Mi hermano pasa muchas horas mirando televisión y _____ tranquilo.

   Conclusión: Todas las personas que miran televisión _____ tranquilas.

2. El mejor amigo de Juan no sabe dar consejos.

   Yo no _____ dar consejos.

   Tú no _____ dar consejos.

   Conclusión: Nadie _____ dar consejos.

3. Mi profesor no reconoce a sus estudiantes del año pasado.

   Los estudiantes no _____ a sus profesores de otros años.

   Yo no _____ a mis amigos de la escuela primaria.

   Conclusión: Nosotros, en general, no _____ a las personas de nuestro pasado.

4. Ana tiene mucho dinero y es tacaña.

   Tú _____ mucho dinero y no lo gastas.

   Maite y Ramón _____ dinero y nunca van de compras.

   Conclusión: Las personas que _____ mucho dinero son tacañas.

5. Mis hermanos siguen los malos ejemplos.

   Tú _____ los malos ejemplos.

   Yo _____ los malos ejemplos.

   Conclusión: Nosotros, los jóvenes, _____ los malos ejemplos.

2 **¿Salimos?** Juan quiere salir con Marina. Él insiste mucho y no entiende que Marina no está interesada en él. Completa la conversación usando los verbos entre paréntesis.

JUAN   ¿1) _____ (querer) cenar conmigo esta noche?

MARINA   No, gracias, esta noche 2) _____ (salir) con una amiga.

JUAN   ¿Adónde 3) _____ (ir) a ir ustedes?

MARINA   Yo no lo 4) _____ (saber) todavía.

JUAN   ¿Cuándo 5) _____ (pensar) tú que lo vas a saber?

MARINA   Nosotras 6) _____ (tener) que ir antes a una reunión, pero yo 7) _____ (creer) que vamos a ir a bailar.

JUAN   De acuerdo, pero nosotros 8) _____ (poder) hacer planes para mañana.

MARINA   Yo 9) _____ (tener) mucho trabajo y además 10) _____ (estar) muy preocupada por mi amiga. Ella 11) _____ (estar) deprimida.

JUAN   ¿Qué 12) _____ (poder) hacer yo para ayudarla?

MARINA   La verdad es que no 13) _____ (ver) cómo puedes ayudarla, pero gracias.

3 **Enojo** Completa las oraciones para explicar por qué María está enojada. Sigue el modelo.

> *modelo*
>
> María está enojada con su esposo porque...
> (saber) *no sabe hablar español.*
> (dormir) *duerme mucho los fines de semana.*

1. María está enojada conmigo porque...

   (estar) _____

   (tener) _____

2. María está enojada con sus amigas, Alicia y Marcela, porque...

   (dice) _____

   (hacer) _____

3. María está enojada con ustedes porque...

   (aparecer) _____

   (traer) _____

4 **El primer contacto** Alicia puso a Juan en contacto con Micaela. Completa los mensajes de correo electrónico con los verbos de la lista.

confesar	divertir	ir	querer	salir	tener
construir	estudiar	preferir	reír	sentir	trabajar

¡Hola, soy Juan! Soy divorciado y
1) _____ una hija.
2) _____ casas y edificios
en la misma compañía donde trabaja Alicia.
Los fines de semana, mi hija y yo
3) _____ a pasear o
4) _____ al cine. Espero
conocerte pronto.

Hola, Juan, soy Micaela, la amiga de Alicia.
Tengo 25 años. Me 5) _____
estudiar; ahora 6) _____ francés
y alemán. También 7) _____
en un banco. Suelo salir con amigos los fines de
semana. 8) _____ los hombres
inteligentes y seguros, y Alicia me dice que eres
así. ¿9) _____ salir a comer
el viernes?

5 **La primera cita** Micaela y Juan salen a comer el viernes. Escribe preguntas para las respuestas usando la forma apropiada del verbo entre paréntesis.

1. MICAELA ¿_____? (recordar)

   JUAN Sí, lo dices en el correo electrónico.

2. JUAN ¿_____? (querer)

   MICAELA El pollo, porque aquí lo cocinan al estilo italiano y es muy rico.

3. MICAELA ¿_____? (preferir)

   JUAN A veces preferimos quedarnos en casa y charlar porque nos vemos sólo los fines de semana.

4. JUAN ¿_____? (hacer)

   MICAELA Normalmente, mis amigas y yo salimos a bailar.

1.2 *Ser* and *estar*

1 **¿Ser o estar?** Completa las oraciones sobre dos estudiantes universitarios usando **es, son, está** o **están,** según corresponda.

1. ¿Conoces a Elena? Ella _____ en tu clase de química. _____ una chica muy simpática.

2. Elena _____ soltera, pero desde hace un año sale con un chico, Ernesto, y se llevan bien...

3. Elena y Ernesto _____ de Miami. Elena _____ segura y tranquila, pero ahora _____ un poco preocupada porque Ernesto se siente inseguro.

4. Es por eso que Elena _____ agobiada y espera que Ernesto se sienta mejor pronto.

5. Aunque Elena y Ernesto _____ estudiantes, ellos trabajan a tiempo completo (*full-time*) porque _____ ahorrando dinero para casarse.

6. Ahora _____ las cinco de la mañana. Elena no _____ en la cama todavía porque _____ estudiando para un examen.

2 **La vida de Juan** Selecciona la oración que tiene el mismo significado.

1. A Juan le gusta mucho ir a la clase de italiano.
   a. La clase de italiano es interesante.   b. La clase de italiano está interesante hoy.

2. La madre de Juan es amable y siempre está de buen humor.
   a. La madre de Juan es alegre.   b. La madre de Juan está alegre.

3. Juan se va de vacaciones con sus amigos. Ya tiene todo en orden y quiere salir ahora.
   a. Juan es listo.   b. Juan está listo.

4. La profesora de Juan es muy desorganizada, siempre llega tarde y nunca comprende las preguntas de sus estudiantes.
   a. La profesora es mala.   b. La profesora está mala.

5. A Juan no le gusta pasear. Tampoco le gusta bailar. Está todo el día mirando televisión.
   a. Juan es aburrido.   b. Juan está aburrido.

6. Le caen mal las bananas que no han madurado (*have not ripened*).
   a. Le caen mal las bananas que están verdes.   b. Le caen mal las bananas que son verdes.

7. Las chicas siempre suspiran (*sigh*) cuando ven a Juan.
   a. Juan está guapo hoy.   b. Juan es guapo.

8. Hoy Juan no tiene planes.
   a. Juan es libre.   b. Juan está libre.

3 **Un día más** Completa la rutina diaria de Sabrina con **ser** y **estar**.

1. _____ las ocho de la mañana.

2. Sabrina mira por la ventana y ve que _____ nublado.

3. Busca su suéter favorito, que _____ de lana.

4. A las nueve, _____ lista y sale de su casa.

5. A las diez, llega a clase. Todos sus amigos _____ deprimidos por el clima.

6. A las 12:45, va a una reunión de estudiantes. La reunión _____ en la cafetería.

7. En la reunión, muchos compañeros _____ disgustados. Quieren mejores medidas de seguridad en las residencias.

8. Sabrina _____ segura de que todo se va a solucionar.

4   **El consultorio** Lee la carta que un consejero sentimental le envía a Julia y completa las oraciones con la forma correcta de **ser** o **estar**.

      Tu caso, querida Julia, no 1) _____ raro. 2) _____ muy frecuente. Hay personas que 3) _____ insensibles y no piensan en los sentimientos de los demás. Tu novio 4) _____ una de esas personas. Él dice que coquetea con otras chicas porque 5) _____ agobiado con los estudios. Él ve que tú 6) _____ una buena chica. Él 7) _____ una persona muy falsa. Tus sentimientos 8) _____ verdaderos y sinceros. Él te hace pensar que 9) _____ deprimido para hacer lo que quiere. Sé que tú 10) _____ pasando por un momento difícil. Te aconsejo que abandones definitivamente a tu novio. Pronto te vas a sentir mejor y vas a 11) _____ lista para empezar una nueva relación.

5   **La carta de Julia** Imagina que tú eres Julia. Escribe la carta que ella le escribió al consejero sentimental. Usa **ser** y **estar** en cinco oraciones.

Estimado consejero sentimental:

Necesito su consejo porque tengo problemas en mi relación. Mi novio y yo… _____

_____

_____

_____

_____

_____

Atentamente,
Julia

6   **Busco pareja** Imagina que estás buscando pareja y decides escribir un anuncio personal. Describe tu personalidad y tu estado de ánimo actual (*present*). Usa **ser** y **estar** y el vocabulario de la lección.

¡Hola! Me llamo _____ y busco un(a) chico/a… _____

_____

_____

_____

_____

_____

_____

_____

_____

_____

1.3 *Gustar* and similar verbs

1

Una amiga pesada Margarita y su mejor amiga Lola decidieron irse un fin de semana de vacaciones. Completa las conversaciones con el pronombre adecuado y un verbo o una expresión de la lista.

> aburrir   caer mal   doler   encantar   gustar   molestar

1. —¿Te gusta el desayuno?
   —¡Es horrible! Sabes que no _____ este tipo de café. Es malísimo.
2. —¿Te gusta la habitación?
   —¡En absoluto! Las camas son duras. ¿Qué hago si mañana _____ las piernas?
3. —¿Te gusta este restaurante?
   —Para nada. Y además, _____ este camarero. Es muy poco amable.
4. —¿Te gustan las películas?
   —¡No! Yo _____ terriblemente con películas románticas y sin acción como ésta.
5. —¿Te gusta el paseo?
   —¡No me hables! _____ los lugares con mucha gente.

2

De turismo Un periodista entrevista a un grupo de turistas que está visitando Miami. Escribe las preguntas del periodista.

> **modelo**
> molestar/tráfico
> *¿Les molesta el tráfico?*

1. aburrir / la ciudad
   ¿_____?
2. gustar / los edificios
   ¿_____?
3. caer bien / la gente
   ¿_____?
4. preocupar / la seguridad y los problemas ambientales
   ¿_____?
5. disgustar / el tráfico
   ¿_____?
6. interesar / eventos culturales
   ¿_____?

3

Las respuestas de los turistas Repasa la **actividad 2** y completa las respuestas que los turistas le dan al periodista.

1. **JUAN:** ¡No! ¡Al contrario! Es grande, bella y divertida. No _____ (aburrir) ni un poquito.
2. **MARÍA Y FRANCO:** Son hermosos. El estilo modernista _____ (fascinar) especialmente.
3. **LUCAS Y SANDRA:** _____ (caer) muy bien. Nos tratan maravillosamente en todos lados. La gente aquí es muy cálida. _____ (encantar).
4. **MARCELO:** Sí, _____ (preocupar) un poco. Hay mucha contaminación y el otro día vi un robo (*theft*).
5. **CARLA Y SONIA:** ¡_____ (disgustar) mucho! Manejar aquí es una locura.
6. **PEDRO:** La verdad, no _____ (interesar).

Lección 1 Workbook   **9**

Workbook

Workbook

4 **Un escritor de mal humor** Completa la conversación telefónica entre un escritor y su representante. Usa **gustar** y verbos similares.

REPRESENTANTE ¿Tienes unos minutos para hablar sobre el libro que estás promocionando?

CARLOS Sí, bueno, no sé si ahora es un buen momento.

REPRESENTANTE ¿Cómo te caen los otros escritores que conociste?

CARLOS (1) (caer mal) _____

REPRESENTANTE ¿Qué te falta para terminar el *tour* y empezar el próximo libro?

CARLOS (2) (faltar) _____

REPRESENTANTE Estupendo. ¿Y qué? ¿Te gusta la ciudad?

CARLOS (3) (no gustar) _____

REPRESENTANTE Vaya, hombre. ¿Qué dices? ¿Te molesta viajar? Es parte de tu trabajo.

CARLOS (4) (molestar) _____

REPRESENTANTE Hmm... Me parece que estás aburrido. Eso es normal a veces.

CARLOS (5) (aburrirse) _____

5 **Los vecinos** ¿Qué le cuenta doña Pancha a su amiga sobre sus vecinos? Escribe oraciones completas usando los verbos entre paréntesis.

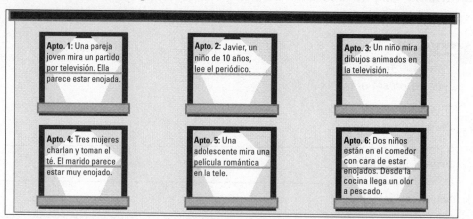

Apto. 1: Una pareja joven mira un partido por televisión. Ella parece estar enojada.

Apto. 2: Javier, un niño de 10 años, lee el periódico.

Apto. 3: Un niño mira dibujos animados en la televisión.

Apto. 4: Tres mujeres charlan y toman el té. El marido parece estar muy enojado.

Apto. 5: Una adolescente mira una película romántica en la tele.

Apto. 6: Dos niños están en el comedor con cara de estar enojados. Desde la cocina llega un olor a pescado.

1. Apto. 1: (aburrir) _____

2. Apto. 2: (fascinar) _____

3. Apto. 3: (encantar) _____

4. Apto. 4: (molestar) _____

5. Apto. 5: (gustar) _____

6. Apto. 6: (disgustar) _____

6 **¿Qué les gusta?** En una hoja aparte, escribe un párrafo para describir los intereses y las preferencias de tus amigos. Usa verbos como **aburrir, disgustar, encantar, fascinar, molestar,** etc.

_____

_____

_____

_____

COMPOSICIÓN

Lee el siguiente fragmento de un artículo sobre la música hispana en los Estados Unidos.

"El crecimiento de la población hispana es tal que ya hay censados más de 45 millones de hispanohablantes en los Estados Unidos. Este hecho se hace muy visible en el mundo del espectáculo, donde se ha producido un gran aumento de cadenas de radio dedicadas exclusivamente a la música en español."

Escribe una composición sobre lo que has leído, siguiendo el plan de redacción.

- Busca información relacionada con este fragmento en tu libro de texto y/o Internet para apoyar (*support*) o rechazar (*reject*) lo que dice.
- Luego, selecciona el orden en que vas a escribir las ideas y haz un borrador (*draft*).
- Escribe tu opinión personal incluyendo respuestas a estas preguntas: ¿Conoces música en español? ¿Te gusta? ¿Qué clase de música es tu favorita? Usa **ser, estar, gustar** y verbos similares a **gustar**.
- Termina la composición con una predicción sobre el futuro de la música hispana. Por ejemplo: **En los próximos años va a haber...**
- Comprueba el uso correcto de los verbos.

1 **Historias del barrio** Completa este texto utilizando el vocabulario de la lista.

camino	doblar	metro	parar
ciudad	estacionamiento	motocicleta	pasear
cruzar	estar perdido	parada	puente

Todos los días, Pedro toma el 1) _____ para ir a clase muy temprano. Para llegar a su 2) _____, Pedro tiene que cruzar toda la 3) _____. A Pedro esto no le importa porque a él le encanta 4) _____. En su ruta él tiene que cruzar el 5) _____ sobre el río que pasa por delante de su casa. Casi todos los días alguien le pregunta el 6) _____ para llegar al museo que está cerca de su universidad. Pedro no entiende cómo alguien puede 7) _____, ¡hay un letrero enorme que indica cómo llegar! Solamente hay que caminar dos cuadras, 8) _____ a la izquierda, cruzar la calle y ya estás en el museo. ¡Facilísimo!

2 **Asociaciones** Empareja las palabras de las dos columnas. Luego, escribe cinco oraciones usando al menos siete palabras de la lista.

_____ 1. cine   a. policía
_____ 2. museo   b. estación
_____ 3. tren   c. arte
_____ 4. comisaría   d. fútbol
_____ 5. estadio   e. música
_____ 6. discoteca   f. tráfico
_____ 7. semáforo   g. actor
                                              h. puente

1. _____
2. _____
3. _____
4. _____
5. _____

3 **¿Qué prefieres?** Numera las actividades por orden de preferencia, siendo 1 la actividad que más te gusta. Después, escribe lo que vas a hacer este fin de semana, usando algunas frases de la lista.

___ dar un paseo   ___ relajarse en la piscina   ___ pasear en bicicleta
___ conversar con los amigos ___ bailar en la discoteca   ___ ir a un estadio de fútbol
___ ir al centro comercial   ___ visitar un museo   ___ caminar por la plaza

_____
_____
_____
_____
_____
_____

4　**El ocio**　Define cada uno de estos lugares y escribe una oración relacionada con las actividades que se pueden hacer allí. Di si te gusta ir a ese lugar y por qué.

> **modelo**
>
> La discoteca: *Es un lugar donde ponen música y donde la gente baila y se divierte. Me gusta ir los sábados por la noche a bailar con mis amigos.*

1. El estadio _____
2. El teatro _____
3. El cine _____
4. El centro comercial _____

5　**Tu barrio**　Contesta las preguntas. Da detalles en tus respuestas.

1. ¿Vives en un edificio moderno? _____
   _____
   _____

2. ¿Hay mucho tráfico cerca de tu casa? _____
   _____
   _____

3. ¿Es ruidoso tu barrio? _____
   _____
   _____

4. ¿Usas el transporte público con frecuencia? _____
   _____
   _____

6　**¿La ciudad o las afueras?**　Tu mejor amigo/a quiere comprarse una vivienda. Él/ella no está seguro/a de si quiere vivir en la ciudad o en las afueras. Ayúdalo/la a tomar una decisión basada en tu opinión personal. Escribe un breve párrafo utilizando al menos seis de las palabras de la lista.

alrededores	construir	policía
ayuntamiento	convivir	relajarse
barrio	gente	transporte público

_____
_____
_____
_____
_____
_____
_____

IMAGINA

Lección 2

México

1 **La opción correcta** Completa las oraciones con la opción correcta.

1. En México vive _____ hispanohablante del mundo.

   a. la mitad de la población   b. casi un tercio (*third*) de la población

2. Hay sitios arqueológicos en _____.

   a. Palenque   b. Acapulco

3. La Ciudad de México también se llama _____.

   a. Alameda   b. Distrito Federal

4. Los mayas y los _____ son civilizaciones prehispánicas que vivían en México.

   a. araucos   b. aztecas

5. El centro o corazón de la Ciudad de México es _____.

   a. el bosque de Chapultepec   b. la Plaza de la Constitución

6. _____ ordenó la construcción de la Catedral Metropolitana.

   a. Hernán Cortés   b. Rufino Tamayo

7. Diego Rivera es famoso por _____.

   a. sus murales   b. la conquista de México

8. El Palacio Nacional es donde el presidente _____.

   a. tiene su vivienda   b. tiene sus oficinas

Flash Cultura

2 **¿Cierto o falso?** Después de ver el video, indica si lo que se dice en las oraciones es **cierto** o **falso**.

	Cierto	Falso
1. En el metro de la Ciudad de México hay 185 estaciones repartidas en 11 líneas.	○	○
2. Todas las estaciones de la red son de una sola línea.	○	○
3. En la red de metro hay estaciones superficiales, elevadas y subterráneas.	○	○
4. El metro está conectado con otros sistemas de transporte.	○	○
5. El Metrobús es el sistema de transporte favorito de los habitantes de la Ciudad de México.	○	○
6. El Templo Mayor es la plaza principal de la Ciudad de México.	○	○

Galería de creadores

Lección 2

Workbook

1 Arte

A. Completa los datos sobre el mural de la página 53 de tu libro de texto.

Artista: _____

Origen: _____

Título del mural: _____

B. Describe y analiza el contenido del mural. ¿Qué crees que quiere expresar el artista? ¿Te gusta? ¿Por qué?

_____

_____

_____

_____

_____

2 Hispanos célebres Contesta las preguntas con oraciones completas.

1. ¿Quién fue Frida Kahlo?

_____

2. ¿Qué tipo de pintura la ha hecho más famosa?

_____

3. ¿Qué expresa Frida Kahlo en sus pinturas?

_____

4. ¿Cuál es la profesión de Gael García Bernal?

_____

5. ¿Cuáles son algunas de las películas en las que ha trabajado Gael García Bernal?

_____

6. ¿Dónde nació Elena Poniatowska?

_____

7. ¿Qué periódico ayudó a fundar Elena Poniatowska?

_____

3 Ahora tú Contesta las preguntas con oraciones completas.

1. ¿Has visto alguna película mexicana? ¿Cuál?

_____

2. ¿Qué aspecto de México te interesa conocer mejor? ¿Por qué?

_____

3. Imagina que estás en México. ¿Qué lugar(es) quieres visitar? ¿Por qué?

_____

_____

_____

ESTRUCTURAS   # Lección 2

2.1 The preterite

1

La fiesta Completa las preguntas que Mariana les hace a sus amigos para saber si hicieron las diligencias necesarias para una fiesta. Usa el pretérito de los verbos entre paréntesis.

1. ¿_____ (Subir) ustedes las bebidas?

2. Y tú, Andrés, ¿_____ (poner) la comida en el refrigerador?

3. Y tú, Brenda, ¿_____ (tener) tiempo de buscar los discos compactos?

4. Los dos, ¿les _____ (dar) los mapas a sus invitados?

5. Andrés, ¿_____ (buscar) el pedido del supermercado?

6. Ustedes, ¿_____ (empezar) a limpiar la casa?

2

El fin de semana A Raquel le gusta hablar de las vidas de sus amigos. Escribe sus comentarios sobre el fin de semana pasado.

Brenda...

1. traducir / artículo _____

2. leer / periódico _____

3. poner / letrero / calle _____

Mariana y sus amigas...

4. hacer / diligencias _____

5. dormir / siesta _____

6. dar / vuelta / ciudad _____

Andrés y yo...

7. escuchar / radio _____

8. ir / campo _____

9. conducir / moto / por horas _____

3

Ser o ir Indica si en cada oración se necesita el pasado de **ser** o de **ir.** Después, completa las oraciones con la forma adecuada.

	ser	ir
1. Ayer hizo mucho calor. Yo _____ a la piscina.	○	○
2. La semana pasada me visitó Mario. Él _____ mi primer novio.	○	○
3. Aquellos dos años _____ muy difíciles para mí.	○	○
4. Esta semana mi esposo y yo _____ dos veces al ayuntamiento.	○	○
5. El cumpleaños de Hernán _____ muy aburrido.	○	○

4 **¿Qué pasó?** Completa la conversación telefónica en la que Raquel le explica a Mariana por qué no pudo ir a la fiesta. Usa los verbos de la lista en pretérito.

decir	llamar	perder	preguntar	tener
hacer	olvidar	poder	ser	venir

MARIANA Ayer tú no 1) _____ a la fiesta. Todos los invitados

2) _____ por ti.

RAQUEL Uy, lo siento, pero mi día 3) _____ terrible. Yo

4) _____ mi bolsa con los documentos de identidad y las tarjetas de

crédito. Y Javier y yo 5) _____ que ir a la comisaría.

MARIANA ¿De verdad? Lo siento. ¿Por qué ustedes no me 6) _____ por teléfono?

RAQUEL Nosotros no 7) _____ llamar a nadie. Yo 8) _____ mi

teléfono celular en la casa.

MARIANA ¿Y qué te 9) _____ la policía?

RAQUEL Nada. Ellos me 10) _____ esperar horas allí y al final me dijeron que

tengo que volver hoy...

5 **Cuéntalo** Imagina que eres Mariana y le escribes un mensaje a una amiga contándole lo que le pasó a Raquel. Usa el pretérito.

La fiesta fue muy divertida, pero Raquel no pudo venir...

_____

_____

_____

_____

_____

_____

_____

6 **Historias** ¿Te ha ocurrido una situación similar a la de Raquel? ¿Estuviste alguna vez en una comisaría? Escribe un párrafo contando lo que pasó. Puedes inventar una historia, si quieres. Utiliza el pretérito.

_____

_____

_____

_____

_____

_____

_____

_____

2.2 The imperfect

1

Conociendo México Imagina que estás en México con un(a) amigo/a y decides llamar por teléfono a tu familia para contarle lo que hiciste. Completa el relato usando el imperfecto.

1. Fui a un centro comercial que _____ (quedar) un poco lejos del hotel.
2. _____ (Haber) mucho tráfico, y yo no _____ (querer) tomar un taxi.
3. Fui a la parada, pero el autobús no _____ (venir), así que fui a pie.
4. Al llegar, vi a muchas personas que _____ (estar) comprando ropa.
5. _____ (Haber) muchísimos negocios.
6. Algunas personas me _____ (saludar) muy amablemente.
7. Yo no _____ (desear) comprar nada, pero al final traje unos cuantos regalos.
8. Yo _____ (ver) carteles de todo tipo, pero no siempre los _____ (entender).
9. Los vendedores _____ (ser) muy amables.
10. Al final, yo _____ (tener) hambre y fui a un restaurante.

2

Margarita Margarita habla de su vida. Usa los verbos de la lista en imperfecto para completar sus oraciones.

cuidar	gustar	poder	saber
despertar	hacer	preparar	tener
estar	ir	querer	volver

Yo soy la mayor. Mi madre empezó a trabajar cuando yo 1) _____ doce años, así que yo

2) _____ a mis hermanitos. Todas las mañanas, los 3) _____ y les

4) _____ el desayuno. Después, mis hermanos y yo 5) _____ a la escuela. Cuando

nosotros 6) _____ de la escuela, yo 7) _____ diligencias. Yo 8) _____

que no 9) _____ ir a la universidad que yo 10) _____ porque era muy cara. Fui a

la que 11) _____ cerca de casa y, en general, me 12) _____ mucho las clases.

3

De niños Estas personas mostraron de niños cuál sería su profesión. Usa los verbos entre paréntesis en imperfecto para completar las oraciones contando lo que hacían en su infancia.

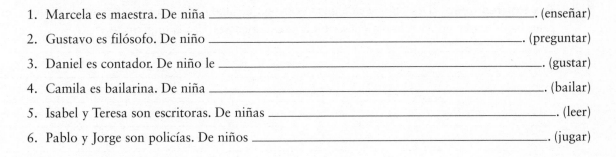

> **modelo**
> Héctor es arquitecto. De niño *construía casas en el parque.* (construir)

1. Marcela es maestra. De niña _____. (enseñar)
2. Gustavo es filósofo. De niño _____. (preguntar)
3. Daniel es contador. De niño le _____. (gustar)
4. Camila es bailarina. De niña _____. (bailar)
5. Isabel y Teresa son escritoras. De niñas _____. (leer)
6. Pablo y Jorge son policías. De niños _____. (jugar)

4   **Tu infancia**   Contesta las preguntas sobre tu infancia, usando oraciones completas.

1. ¿Con quién(es) vivías cuando eras niño/a?

   _____

2. ¿Cuántos/as amigos/as tenías?

   _____

3. ¿Qué juegos preferías?

   _____

4. ¿Qué libros te gustaba leer?

   _____

5. ¿Qué programas veías en la televisión?

   _____

6. ¿Cómo eras?

   _____
   _____

5   **¡Viva México!**   Tu compañero/a de viaje en México habla sobre algunos aspectos culturales de su visita. Completa lo que dice. Luego escribe tres oraciones similares expresando tu opinión.

> **modelo**
>
> Yo pensaba que *él era de Jalisco*, pero Pedro es de Guadalajara.

1. Yo creía que _____, pero el Museo Rufino Tamayo tiene muchas obras interesantes.

2. Yo pensaba que _____, pero Cancún está lejos de Tijuana.

3. Antes creía que _____, pero todo el mundo conoce los frescos de Diego Rivera.

4. Antes pensaba que _____, pero ahora sé que México D.F. es la capital del país.

5. Creía que _____, pero las pirámides mayas de Palenque atraen a los extranjeros.

6. _____

7. _____

8. _____

6   **Tus impresiones**   ¿Descubriste en alguna ocasión que algo o alguien era diferente de lo que pensabas? Escribe un párrafo para describir esas experiencias. Usa el imperfecto.

_____
_____
_____
_____
_____
_____
_____
_____

2.3 The preterite vs. the imperfect

Workbook

1 **Cambios** Antes, tú vivías en el centro de la ciudad, pero el mes pasado te compraste una casa en las afueras. Completa las oraciones usando el pretérito y el imperfecto.

1. (ir)

   Antes, yo _____ al museo dando un paseo.

   Ayer, yo _____ en autobús.

2. (visitar)

   Mis amigos me _____ todos los lunes.

   Ayer, ellos no me _____, porque vivo lejos.

3. (poder)

   Antes, no _____ dormir porque mi calle era ruidosa.

   Ayer, _____ dormir todo lo que quise.

4. (hablar)

   Antes, yo nunca _____ con los vecinos del edificio.

   Ayer, yo _____ con los vecinos de enfrente.

5. (hacer)

   Antes, yo _____ todas las diligencias en muy poco tiempo.

   Ayer, sólo _____ unas pocas.

2 **Todo en orden** Don Jorge Ruiz, alcalde de una ciudad, está enfermo. Después de pasar tres días en cama, decidió pasar por el ayuntamiento. No sabía que le esperaba una sorpresa. Completa la historia con el pretérito o el imperfecto, según el contexto.

Después de pasar tres días en cama, el alcalde 1) _____ (levantarse) para ir un rato al ayuntamiento. 2) _____ (Querer) ver si 3) _____ (tener) correo y si todo 4) _____ (estar) funcionando correctamente. Pero cuando 5) _____ (llegar), 6) _____ (encontrarse) con una sorpresa.

Su secretario 7) _____ (conversar) con un policía. Alguien había entrado la noche anterior a su oficina y le había prendido fuego. El policía 8) _____ (tomar) nota de todo lo que el secretario le 9) _____ (contar). El alcalde 10) _____ (ponerse) muy nervioso. Todos 11) _____ (sorprenderse) cuando 12) _____ (ver) al alcalde. Rápidamente lo 13) _____ (enviar) de nuevo a la cama. En el ayuntamiento, todo 14) _____ (estar) en orden.

3 **Excusas y más excusas** Responde a las preguntas que el alcalde, muy preocupado, le hace a su secretario para pedirle una explicación de lo ocurrido en el ayuntamiento.

> **modelo**
>
> **ALCALDE** ¿Por qué no cerraste la puerta de mi oficina? (no / tener / llaves)
> **SECRETARIO** *No la cerré* porque *no tenía las llaves.*

1. **ALCALDE** ¿Por qué no me llamaste? (no / encontrar / su número de teléfono)
   SECRETARIO _____ porque _____
2. **ALCALDE** ¿Por qué no le pediste el número a Javier? (Javier / no / estar / en la oficina)
   SECRETARIO _____ porque _____
3. **ALCALDE** ¿Por qué no pusiste los documentos importantes en otro sitio? (no / poder llevarlos / solo)
   SECRETARIO _____ porque _____
4. **ALCALDE** ¿Por qué no los bajaste en el elevador? (elevador / no / funcionar)
   SECRETARIO _____ porque _____
5. **ALCALDE** ¿Por qué no te fuiste a tu casa? (no / encontrar / carro)
   SECRETARIO _____ porque _____

4 **Quehaceres cotidianos** Durante mucho tiempo, don Jorge realizaba diariamente las mismas tareas y en el mismo orden. Completa el párrafo con las palabras de la lista.

antes de	luego	primero
después de	mientras	siempre

Don Jorge 1) _____ se levantaba a las seis de la mañana. Vivía cerca del ayuntamiento, pero le gustaba llegar temprano. 2) _____ salir de su casa, tomaba un desayuno bien completo: café con leche, tostadas, queso y fruta. Ya en el ayuntamiento, 3) _____ se reunía con su secretario para ver la agenda del día. 4) _____ ver la agenda, se tomaba un café. Él siempre se tomaba un café 5) _____ leía la prensa del día. 6) _____, don Jorge recibía a los ciudadanos que querían hablar con él.

5 **¿Eres el mismo?** Escribe dos párrafos. En el primero, describe cómo eras y lo que hacías cuando eras niño/a. En el segundo, describe cómo fue tu vida el año pasado, qué hiciste, dónde estuviste, etc. Usa al menos seis verbos o expresiones de la lista en pretérito o en imperfecto, según sea necesario.

comprar	disfrutar	pasarlo bien	ser
dar un paseo	estar	relajarse	tener
decidir	leer	residir	tomar

Cuando era niño/a… _____

_____

El año pasado… _____

_____

COMPOSICIÓN

▪ Paso 1

Lee el siguiente fragmento del artículo *Juchitán: la ciudad de las mujeres*.

> "Su capacidad económica le permite a la mujer juchiteca una gran autonomía en relación con el hombre. Ésta se refleja en una sólida autoestima, en una presencia dominante dentro del sistema social de la comunidad y en una fuerte y aceptada autoridad en la familia.
>
> Ningún hombre juchiteco se siente mal porque el sistema económico está dirigido por las mujeres. Aquí —al contrario del modelo occidental— las prioridades son la alimentación, el cuidado de niños y ancianos, y los banquetes colectivos".

Teniendo en cuenta el fragmento anterior, contrasta el rol social y familiar de la mujer occidental con el de las mujeres en Juchitán. ¿Cómo era ese rol hace dos o tres generaciones?

_____

_____

_____

_____

_____

_____

▪ Paso 2

Escribe un párrafo en el que describas cómo era el rol de la mujer en la sociedad en la que vives hace dos o tres generaciones. Piensa en tus propios familiares o busca información en Internet. Asegúrate de utilizar el pretérito y el imperfecto.

- Haz una lista de oraciones sobre el rol de la mujer de ahora y el de la mujer en el pasado en el mundo del trabajo, en la familia y en la sociedad en general.
- Selecciona el orden en el que vas a escribir las ideas y haz un borrador *(draft)*.
- Termina el párrafo con una oración que resuma tu opinión.
- Comprueba *(Check)* el uso correcto del pretérito y del imperfecto.

_____

_____

_____

_____

_____

_____

_____

_____

PARA EMPEZAR
Lección 3

1 **La intrusa** Selecciona la palabra que no pertenece a la serie.

1. el televidente | la oyente | la reportera | el sitio web
2. el crítico de cine | el acontecimiento | el actor | el director
3. la portada | el locutor | el titular | la tira cómica
4. el diario | el director | el cantante | la actriz
5. la noticia | la banda sonora | la actualidad | el acontecimiento
6. el reportero | el anuncio | la noticia | el reportaje

2 **El mundo de los medios** Lee estas conversaciones sobre los medios de comunicación y complétalas con palabras de la lista. Tres palabras no se necesitan.

actor	entretener	portada	radioemisora
actualizada	estrella	público	rodar
censura	oyente	radio	telenovela

1. —¿Dónde está el _____ principal?
   —Se fue, señor.
   —¿Cómo que se fue? Le dije que tenemos que _____ la escena otra vez.

2. —¡Atención! Un _____ nos llama. Hola. ¿Quién está en la línea?
   —Hola, Mario. Me llamo Pedro y quería felicitarte por tu programa de _____.
   Ésta es mi _____ favorita desde que comenzaste con *Música a tu medida*.

3. —¿Es cierto que hay un romance entre la _____ de la
   Ladrón de amor y tú?
   —Lo siento. No hay comentarios.
   —El _____ te admira y quiere saber. Tienes una obligación con tus admiradores.
   —Mi obligación es impedir que historias falsas lleguen a la _____ de tu revista.

3 **Definiciones** Primero, escoge la palabra que corresponde a cada definición. Después, escribe las definiciones de las seis palabras que seleccionaste en la **actividad 1**.

| la actualidad | el horóscopo | el periódico | la revista |
| la censura | la parcialidad | la portada | el titular |

1. _____: Es una publicación que sale de forma diaria.
2. _____: Es un cambio editorial del contenido de un texto, una película, etc.
3. _____: Es una predicción basada en la posición de los astros.
4. _____: Es la primera página de una publicación.
5. _____: _____
6. _____: _____
7. _____: _____
8. _____: _____
9. _____: _____
10. _____: _____

4 **Mi serie favorita** Completa el párrafo con palabras y expresiones adecuadas del vocabulario de esta lección.

Mi serie de televisión favorita era *Los Serrano*. Era una serie tan buena que duró ocho

1) _____. El 2) _____ se transmitió el 22 de abril de 2003 y desde ese

primer episodio tuvo un gran éxito entre el 3) _____ joven porque siempre trataba

temas de la 4) _____ con un toque de humor. La verdad es que los

5) _____ no tenían mucho talento, pero como la serie se grababa

6) _____, las situaciones espontáneas eran más divertidas y reales.

Lo que no me gustaba mucho de *Los Serrano* eran todas las pausas que hacían para los

7) _____; tanta publicidad siempre me hacía cambiar de canal. Sin embargo, la serie

conseguía mantenerme pegado a la 8) _____ de mi televisor cada semana. ¡Necesitaba

saber si al final Marcos y Eva iban a terminar juntos!

5 **Tu opinión cuenta** Contesta estas preguntas con oraciones completas.

1. ¿Cuál te parece la parte más interesante de un periódico? ¿Por qué?

   _____

   _____

2. ¿Crees que la prensa sensacionalista tiene buena o mala fama? ¿Por qué?

   _____

   _____

3. ¿Cuál te parece más fiable (*trustworthy*) para enterarse de la actualidad: la prensa, la radio, la televisión o Internet? ¿Por qué?

   _____

   _____

4. ¿Crees que los críticos de cine son parciales o imparciales? ¿Por qué?

   _____

   _____

6 **Una crítica de cine** La revista para la que trabajas te pide que veas una película nueva y escribas una crítica de ella. Usa al menos seis de las palabras de la lista para ayudar a los suscriptores a decidir si quieren ver la película.

la banda sonora	entretener	opinar
el/la director(a)	la estrella	la pantalla
el doblaje	el estreno	el público
los efectos especiales	influyente	los subtítulos

_____

_____

_____

_____

_____

_____

_____

IMAGINA

Lección 3

El Caribe

1 **Un poco de historia** Contesta las preguntas con oraciones completas.

1. ¿En qué siglo empezaron los ataques piratas?

   _____

2. ¿De dónde era el oro que llevaban los barcos?

   _____

3. ¿Qué países querían quitarle el poder a España?

   _____

4. ¿Qué hacían estos países para quitarle el poder?

   _____

5. ¿Qué hicieron los colonizadores para protegerse de los piratas?

   _____

6. ¿Qué ciudades tienen fuertes?

   _____

7. ¿En qué ciudad está el Mercado Modelo?

   _____

8. ¿Cuáles son algunas de las celebridades que pasaron por la Bodeguita del Medio?

   _____

Flash Cultura

2 **¿Cierto o falso?** Después de ver el video, indica si lo que se dice en las oraciones es **cierto** o **falso**.

	Cierto	Falso
1. El cine mexicano todavía no se conoce internacionalmente.	○	○
2. La Cineteca se fundó para rescatar, clasificar y difundir el cine mexicano.	○	○
3. La época de oro del cine mexicano empezó a partir de los años noventa.	○	○
4. El Instituto Mexicano de la Cinematografía (IMCINE) nació en los años cuarenta.	○	○
5. Uno de los objetivos del IMCINE es fomentar la producción y la difusión de películas mexicanas.	○	○
6. El cine mexicano actual es variado y tiene una identidad propia.	○	○

Galería de creadores

Lección 3

1 **Identificar** Contesta las preguntas sobre la pintura de la página 90 de tu libro de texto.

1. ¿Cómo se titula la pintura? ¿Quién es el/la artista?

Artista: _____

Título de la pintura: _____

2. Ahora describe la pintura. ¿Qué ves? ¿Te gusta? ¿Por qué?

_____

_____

_____

_____

_____

_____

2 **Hispanos célebres** Contesta las preguntas con oraciones completas.

1. ¿Quién es Rosario Ferré?

_____

2. ¿De dónde es Rosario Ferré?

_____

3. ¿Cómo se titula su primer libro?

_____

4. ¿Cuál fue la profesión de Julia de Burgos?

_____

5. ¿Cuáles son algunos de los temas que trató Julia de Burgos en su obra?

_____

6. ¿Quiénes son algunas de las clientas de Oscar de la Renta?

_____

3 **Ahora tú** Contesta las preguntas con oraciones completas.

1. ¿Conoces a otros artistas caribeños? ¿Cuáles? Describe su arte (música, literatura, moda, etc.).

_____

_____

2. ¿Qué aspecto del arte del Caribe te atrae más? ¿Por qué?

_____

_____

3. ¿Eres artístico/a? ¿De qué manera expresas tu creatividad?

_____

_____

ESTRUCTURAS

Lección 3

3.1 The subjunctive in noun clauses

1 **El nuevo proyecto** Completa lo que dicen un director y una actriz con la forma adecuada de los verbos entre paréntesis.

1. Insisto en que tú no _____ (dar) entrevistas. No quiero que la prensa _____ (saber) que trabajas en la película.

2. Si deseas que yo _____ (trabajar) contigo, debes dejarme hablar con los periodistas. Y te sugiero que tú _____ (cambiar) el título si quieres que la película _____ (tener) éxito.

3. Es importante que nosotros _____ (empezar) a rodar lo antes posible. Tengo miedo de que la película _____ (ser) cara. El título lo podemos cambiar más tarde.

4. Primero es necesario que tú me _____ (decir) cuándo empezamos a rodar.

2 **Un periodista impaciente** Completa esta conversación entre una recepcionista y un periodista con el presente del indicativo o del subjuntivo.

PERIODISTA Buenos días, (1) _____ (desear) que Amelia Ruiz me
(2) _____ (recibir).

RECEPCIONISTA Buenos días. Lo siento, pero Amelia y su equipo no (3) _____
(atender) hoy a nadie. ¿Le (4) _____ (poder) atender su secretaria?

PERIODISTA Le (5) _____ (decir) que (6) _____ (querer) que me
(7) _____ (atender) la actriz personalmente. Necesito hablar con ella.

RECEPCIONISTA Y yo le (8) _____ (repetir) que la señora Ruiz no
(9) _____ (trabajar) hoy.

PERIODISTA Tengo una cita con ella y (10) _____ (exigir) que le
(11) _____ (decir) a ella que el *Diario matutino* y yo
(12) _____ (insistir) en entrevistarla.

RECEPCIONISTA ¡No sé de qué otra forma decirlo... La señora Ruiz y su equipo no
(13) _____ (venir) hoy!

PERIODISTA ¡Dudo que ella no (14) _____ (estar) hoy!

RECEPCIONISTA ¡Señor, basta ya! Es imposible que usted (15) _____ (entrar)
en el edificio!

3 **Cómo conseguir entrevistas** Esa tarde, el jefe del periodista de la **actividad 2** le explica cómo conseguir entrevistas. Usa palabras de la lista u otras para completar sus oraciones.

conocer	escribir	llamar	preguntar
entrevistar	ir	pedir	ser

1. Es importante que _____.

2. Te sugiero que tú _____.

3. No es bueno que _____.

4. Es posible que _____.

5. Es mejor que _____.

4

Consejos El director le está dando consejos a unos actores sin experiencia. Reescríbelos con expresiones como **es necesario que, te aconsejo que,** etc.

> **modelo**
> No debes hablar con la prensa.
> *Te recomiendo que no hables con la prensa.*

1. Para que el público te crea debes creer tú en lo que estás diciendo.

   _____

2. Para representar esta escena necesitan moverse mucho.

   _____

3. El cine suele ser difícil para los actores teatrales.

   _____

4. Debes practicar el guión antes de venir a grabar.

   _____

5. Pienso que a ustedes no les va a gustar rodar muchas horas cada día.

   _____

6. Nunca deben grabar escenas de riesgo.

   _____

7. Debes pensar si realmente quieres representar este personaje.

   _____

8. También trata de decidir si quieres representar una obra de teatro.

   _____

5

Hablando de cine Un amigo tuyo hace estas afirmaciones. Elige una de las opciones para expresar y explicar tu opinión. Usa la forma adecuada del presente del subjuntivo.

1. Todas las películas tienen que ser divertidas y comerciales.
   a. No creo que...   b. Prefiero que...   c. Es evidente que...
   No creo que todas tengan que serlo. El cine independiente...

2. Las películas europeas son mucho mejores que las estadounidenses.
   a. No es evidente que...   b. Dudo que...   c. Me sorprende que...

   _____

3. Los actores famosos cobran millones por película.
   a. Ojalá que...   b. Es posible que...   c. Es una lástima que...

   _____

4. La vida privada de los famosos es interesante.
   a. Te sugiero que...   b. Es extraño que...   c. Temo que...

   _____

5. La censura es buena en algunas ocasiones.
   a. No es verdad que...   b. Niego que...   c. No es malo que...

   _____

6. Está bien que las actrices ganen menos dinero que los actores.
   a. Me molesta que...   b. Dudo que...   c. No es bueno que...

   _____

3.2 Object pronouns

1 **¿A qué se refieren?** Indica a qué o a quién se refiere cada pronombre subrayado en estos relatos periodísticos.

> **GOL**
>
> Durante el primer tiempo, el partido fue muy aburrido. Pero en el segundo tiempo, el San Martín (1) <u>lo</u> animó y (2) <u>le</u> ganó al Santiago 3 a 1. Dos fanáticos comentaron: "No (3) <u>nos</u> llamó la atención. El San Martín siempre (4) <u>nos</u> da el premio de la victoria."

1. _____   3. _____

2. _____   4. _____

> **Televisión**
>
> La cadena GBJ va a retransmitir esta noche el controvertido video musical del grupo Niquis, que muestra al cantante protestando contra la guerra. El director de la cadena, Alberto Anaya, (5) <u>nos</u> envió un fax a los periodistas para (6) informar<u>nos</u> de su decisión. La Asociación de Televidentes, al enterarse, promete que (7) <u>le</u> va a pedir explicaciones al señor Anaya por (8) emitir<u>lo</u> en horario infantil. "No les debemos permitir a las cadenas este comportamiento. No (9) <u>se lo</u> vamos a consentir", dijo.

5. _____   8. _____

6. _____   9. _____

7. _____

2 **En la radio** Una locutora de radio está entrevistando a un amigo suyo, director de cine. Completa la entrevista con los pronombres adecuados.

LOCUTORA   ¡Qué placer tenerte en la radio para hablar de tu premio! 1) _____ digo que pareces muy contento.

DIRECTOR   Sí, 2) _____ estoy. Este premio es muy importante para 3) _____.

LOCUTORA   ¿A quién 4) _____ dedicas el premio?

DIRECTOR   A mi esposa, claro. Ella 5) _____ apoya siempre, 6) _____ ayuda en los momentos malos y 7) _____ acompaña siempre en mis viajes.

LOCUTORA   ¡Qué suerte tener una esposa así! Y cuéntame, ¿cuáles son tus proyectos ahora?

DIRECTOR   A mí siempre 8) _____ gusta descansar después de cada película. A mi esposa y a 9) _____ siempre 10) _____ gusta disfrutar de unas vacaciones.

LOCUTORA   ¿Y después?

DIRECTOR   ¿Quién sabe?

3 **Las instrucciones** Una actriz sin mucha experiencia recibe consejos de su agente, quien los reitera para que ella no los olvide. Reemplaza las palabras subrayadas con los pronombres adecuados.

1. Antes de empezar, saluda a todo el público. Recuerda:

_____

2. No puedes olvidar las cámaras. Recuerda:

_____

3. No muevas tanto la boca al hablar. Recuerda:

_____

4. Evita los gestos exagerados con la cara y las manos. Recuerda:

_____

5. Deja las escenas de riesgo para tu doble. Recuerda:

_____

6. Debes llamar al director. Recuerda:

_____

7. Estudia bien tu papel. Recuerda:

_____

8. Debes hablar bien a los otros actores. Recuerda:

_____

4 **Entrevistas** Completa la entrevista que un periodista le hace a un cantante famoso, quien lo niega todo. Usa los pronombres adecuados.

> **modelo**
>
> **PERIODISTA** ¿El jefe de orquesta le está proponiendo la música al productor?
> **CANTANTE** *No, no se la está proponiendo. / No, no está proponiéndosela.*

1. **PERIODISTA** Un colega mío vio a usted y a su amiga, Laura Luna, cenando en un restaurante. ¿Es verdad que los vio?

   CANTANTE _____

   _____

2. **PERIODISTA** También me contó que te pidió un autógrafo.

   CANTANTE _____

   _____

3. **PERIODISTA** El me dijo que... no le pagaste la cuenta a tu amiga.

   CANTANTE _____

   _____

4. **PERIODISTA** Y también me dijo que no les diste propina (*tip*) a los camareros.

   CANTANTE _____

   _____

5. **PERIODISTA** Él me dijo que le diste un beso a tu amiga.

   CANTANTE _____

   _____

3.3 Commands

1   **Cambios** La directora de la revista *Estrellas* quiere cambiar la conducta y los hábitos de sus empleados. Usa mandatos para escribir las instrucciones que ella les da.

Al reportero de celebridades. (tú)

1. no hablar / política <u>No hables de política.</u>

2. llevarse bien / con las estrellas _____

3. no ir / fiestas / con hambre _____

4. salir / todas las noches _____

A los fotógrafos. (ustedes)

5. no respetar / la vida privada de las estrellas _____

6. estar siempre / preparado _____

7. vestirse / mejor _____

8. tener / dos o tres cámaras _____

Al crítico de cine. (usted)

9. no ser / parcial _____

10. ir / a todos los estrenos _____

11. hacer / entrevistas _____

12. escribir / artículos divertidos _____

2   **Carta a la directora** Un lector enojado le escribe una carta a la directora de la revista *Estrellas*. Completa sus quejas usando los mandatos formales de los verbos entre paréntesis.

> **modelo**
>
> Al reportero de política: "*Sea imparcial.*" (ser imparcial)

1. Al fotógrafo: "_____" (tomar clases)

2. A la redactora: "_____" (escribir mejor)

3. Al crítico: "_____" (irse de vacaciones)

4. A la directora de la película: "_____" (hacer películas baratas)

5. Al que trabaja en la radio: "_____" (cambiar de trabajo)

6. Al oyente: "_____" (apagar la radio)

7. Al actor famoso: "_____" (no hablar de política)

8. Al televidente: "_____" (leer buenos libros)

Workbook

3

Diva Una actriz famosa le da órdenes a su secretario y luego él se las da a sus ayudantes. Usa los mandatos de **tú** y **ustedes** para escribir las órdenes.

1. traerme

   Actriz: Armando, _____ todas las revistas de la última semana.

   Secretario: Rápido, chicos. _____ las revistas. Están en la oficina.

2. darme

   Actriz: ¡Qué sed! _____ un vaso de agua.

   Secretario: ¿Dónde pusieron el agua? _____ el agua. ¡No, no! En un vaso de color verde. Ya saben que la señora sólo bebe del vaso verde.

3. escribirle

   Actriz: ¡Armando! ¡_____ una carta a mi familia ya mismo!

   Secretario: Asistentes, _____ la carta a su familia ahora. Y, por favor, sin errores de ortografía.

4. pedir

   Actriz: ¿Dónde están las rosas blancas? _____ las rosas blancas para la habitación antes de que llegue al hotel.

   Secretario: ¡Chicos, se olvidaron de las flores! _____ mil rosas blancas para la habitación. ¡Ahora!

5. decirme

   Actriz: ¿Qué me ocurrirá hoy? _____ el horóscopo del día.

   Secretario: ¿Dónde está el periódico de hoy? _____ rápido el horóscopo del día.

6. romper

   Actriz: No soporto a los periodistas. _____ las críticas negativas de estas revistas.

   Secretario: Ahora mismo. _____ las críticas negativas de estas revistas.

7. contestar

   Actriz: ¡Qué emoción con tantas cartas! _____ las cartas de los fans.

   Secretario: Chicos, dejen lo que están haciendo y _____ todas las cartas de los fans.

8. entretener

   Actriz: ¡Qué molestos! Armando, _____ a los periodistas, por favor, que quiero descansar.

   Secretario: Chicos, _____ a los periodistas, que la señora quiere descansar. ¡Y sean eficientes al menos una vez!

4

Consejos Usa mandatos formales para escribir cinco consejos que un profesor de cine les da a sus estudiantes. Usa verbos de la lista.

estar	salir
hacer	ser
ir	tener

1. _____

2. _____

3. _____

4. _____

5. _____

COMPOSICIÓN

▪ Paso 1

Lee un resumen del cuento *La desesperación de las letras* de Ginés S. Cutillas.

El narrador miraba la tele cuando oyó un estruendo. Investigó el estruendo. Una masa de papel agonizaba en el suelo. Cogió la masa de papel. Notó un título y leyó el título: se trataba de *Crimen y Castigo*. La noche siguiente, la novela *Anna Karenina* se había suicidado. El narrador había descubierto la novela *Anna Karenina* en el suelo también. Al principio fueron los clásicos. Siguieron a los clásicos los de filosofía. Había noches de suicidios colectivos, pero el narrador no comprendía los suicidios colectivos. Una noche no encendió la televisión. Los libros no se suicidaron porque él vigiló atentamente los libros.

Vuelve a escribir el resumen usando pronombres de complemento directo e indirecto donde sea posible para crear un párrafo más fluido.

_____

_____

_____

_____

_____

▪ Paso 2

Empleando la técnica de escritura del uso de pronombres directos e indirectos del **Paso 1**, elige uno de estos temas y escribe un breve párrafo expresando tu opinión. Recuerda usar los pronombres que estudiaste en la lección para crear un texto fluido, y el subjuntivo para expresar tu opinión.

> ¿Es más importante la lectura que la televisión? ¿Por qué?
> ¿Sería un problema si la televisión reemplazara completamente a la literatura?
> ¿Qué aspectos hacen que una obra sea clásica? ¿Existen clásicos entre programas de televisión?

- Primero, elige un tema y realiza una lluvia de ideas (*brainstorm*) con palabras, frases y oraciones.
- Luego, selecciona el orden en que vas a escribir las ideas y haz un borrador (*draft*).
- Termina el párrafo con una oración que resuma lo que opinas.
- Comprueba el uso correcto de los pronombres y del subjuntivo.

_____

_____

_____

_____

_____

_____

PARA EMPEZAR

Lección 4

1 **¿Quién es?** Escribe a qué miembro de la familia corresponde cada definición.

1. El marido de mi hija: _____
2. La madre de mi marido: _____
3. La madre de mi abuela: _____
4. Mi hermano que nació al mismo tiempo que yo: _____
5. El hijo de mi tío: _____
6. El segundo esposo de mi madre: _____
7. La hermana de mi madre: _____
8. La esposa de mi hijo: _____
9. El esposo de mi hermana: _____
10. El hijo de mi hermana: _____

2 **Invitación** Completa la conversación con las palabras de la lista. Haz todos los cambios necesarios.

agradecer	criar	lamentar	pariente	realizarse
carácter	insoportable	parecerse	quejarse	unido

GERMÁN   Este domingo tengo que estar con mi familia. Nosotros somos una familia muy
1) _____. Puedes venir conmigo si quieres. Aunque te tengo que decir
que mi hermano menor es 2) _____ a veces. No te va a dejar tranquila ni
un segundo.

LUISA   Gracias por la invitación. Te lo 3) _____ mucho, pero este fin de semana
un 4) _____ viene a visitarme. Hace mucho que no lo veo.

GERMÁN   Oh, ya veo. 5) _____ que no puedas venir. ¿Quién viene a visitarte?

LUISA   Un primo mío. Todo el mundo dice que 6) _____ mucho. Podríamos
ser hermanos.

GERMÁN   ¿Sí? ¿Por qué?

LUISA   Bueno, todo el mundo dice que los dos tenemos el mismo 7) _____.

GERMÁN   ¿Qué pasa? ¿Que tu primo también 8) _____ todo el tiempo de todo?
¡Ay, cuánto trabajo! ¡Me duele todo! ¡Qué mal tiempo!...

3 **La familia de Tomás** Lee y completa el párrafo utilizando palabras apropiadas del vocabulario de esta lección.

A Tomás no le gustaba mucho su familia porque todos eran un poco peculiares. Aunque tenía siete
tíos y muchísimos 1) _____ de su edad, él siempre se sintió un poco solo porque
era 2) _____ y no tenía hermanos. Además, como sus padres se llevaban mal y
3) _____ a menudo, él pasaba mucho tiempo con sus abuelos. Tomás era un chico
muy obstinado y 4) _____, y nunca hacía su tarea. Sus abuelos se enojaban y lo tenían
que 5) _____ casi todos los días. Los fines de semana, Tomás visitaba a sus tíos Pepe
y Maite, que tenían dos hijas, Ingrid y Jimena. Las chicas eran 6) _____ y por lo tanto
Tomás nunca era capaz de distinguirlas. Además, ellas eran 7) _____ y él siempre tenía
que hacer lo que ellas decían. Por su familia peculiar, Tomás soñaba con estudiar en la universidad e
8) _____ de sus padres.

4 **La vida** Define cada etapa de la vida y escribe una actividad relacionada con ella.

> **modelo**
>
> Adolescencia: *La etapa de transición entre la niñez y la edad adulta.*
> *Generalmente, los adolescentes escuchan mucha música.*

1. Edad adulta: _____
   _____

2. Niñez: _____
   _____

3. Vejez: _____
   _____

5 **Asuntos familiares** Contesta estas preguntas con oraciones completas.

1. ¿Algún pariente tuyo es insoportable? ¿Quién? ¿Por qué?
   _____
   _____

2. ¿Cómo se manifiestan las brechas generacionales en tu familia? Da ejemplos específicos.
   _____
   _____

3. ¿Cómo se apoyan tú y los miembros de tu familia en tiempos difíciles?
   _____
   _____

4. ¿Cuál es el apodo más interesante en tu familia? ¿De quién es? ¿Por qué se lo pusieron?
   _____
   _____

6 **Anécdotas familiares** Tu familia se reúne para celebrar el aniversario de bodas de tus abuelos. Todos tus parientes cuentan historias divertidas sobre ellos. Escribe un párrafo para contar tu propia anécdota graciosa sobre uno de tus abuelos (o los dos). Utiliza al menos seis de estas palabras.

carácter	juventud	parecerse	quejarse	sobrevivir
honrado/a	mudarse	pelearse	regañar	vejez

_____
_____
_____
_____
_____
_____

IMAGINA

Lección 4

Centroamérica

1 **¿Cuánto sabes?** Contesta las preguntas con oraciones completas.

1. ¿Cuántos kilómetros hay entre Panamá y Guatemala?

   _____

2. ¿Qué países hispanohablantes forman parte de Centroamérica?

   _____

3. ¿Qué conecta la carretera Panamericana?

   _____

4. ¿Cuáles son algunas palabras y expresiones típicas del español centroamericano?

   _____

5. ¿Qué significa la palabra indígena "chirripó"?

   _____

6. ¿Qué pueden hacer los tiburones del lago de Nicaragua?

   _____

7. ¿Dónde está el segundo arrecife de coral más grande del mundo?

   _____

8. ¿Qué son y de dónde provienen las pupusas?

   _____

9. ¿Qué son las ruinas de Tikal?

   _____

10. ¿Cuánto duran las fiestas del Carnaval de Panamá?

    _____

Flash Cultura

2 **Seleccionar** Después de ver el video, completa las oraciones con la opción correcta.

1. La Boquería es el mercado más _____ de Barcelona.

   a. caro   b. grande   c. antiguo

2. El mercado de La Boquería es el lugar ideal para comprar _____.

   a. instrumentos   b. productos frescos   c. ropa usada

3. Los puestos independientes y especializados de La Boquería se llaman _____.

   a. comerciales   b. mercadillos   c. paradas

4. En las charcuterías del mercado se compra _____, queso y chorizo.

   a. pan   b. helado   c. jamón

5. El jamón serrano es una comida típica de _____.

   a. Barcelona   b. España   c. Europa

6. En España se acostumbra comprar el pan fresco _____.

   a. cada dos días   b. cada domingo   c. todos los días

7. En España, los pequeños negocios familiares cierran a la hora de _____.

   a. desayunar   b. cenar   c. almorzar

Galería de creadores

Lección 4

Workbook

1

Identificar Contesta las preguntas.

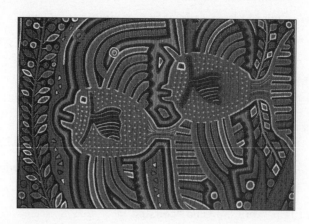

1. ¿Qué es una mola?

   _____

2. ¿Cuál es el tema de esta mola?

   _____

3. ¿Quiénes hacen las molas?

   _____

4. ¿Dónde viven?

   _____

5. ¿Qué adornan?

   _____

6. ¿Cuáles son los motivos más populares?

   _____

2

Hispanos célebres Contesta las preguntas.

1. ¿Quién es Gioconda Belli?

   _____

2. ¿Qué temas suele tratar Gioconda Belli en sus obras?

   _____

3. ¿Qué premio obtuvo con su obra *Línea de fuego*?

   _____

4. ¿De dónde es Armando Morales?

   _____

5. ¿Cuáles son algunas de las pinturas de Armando Morales?

   _____

6. ¿En qué país estudió Camilo Minero?

   _____

7. ¿Qué colores son característicos en la obra de Camilo Minero?

   _____

ESTRUCTURAS   Lección 4

4.1 The subjunctive in adjective clauses

1 **Reunión familiar** Los Ríos se reúnen todos los domingos para pasarlo juntos en familia. Empareja las frases de las dos columnas para formar comentarios que se escuchan en esta reunión familiar.

_____ 1. Busco el regalo	a. que te compré.
_____ 2. ¿Dónde encuentro unos platos	b. que sea bueno y que esté cerca de casa?
_____ 3. ¿Me recomiendas un colegio	c. que sean más grandes?
_____ 4. ¿Quién se bebió el vaso de vino	d. que sea maleducado.
_____ 5. ¿Dónde puedo comprar el libro	e. que traje para el abuelo?
_____ 6. Necesito la dirección del psicólogo	f. que trata adolescentes.
_____ 7. Quiero tener una familia	g. que quiere tu padre para su cumpleaños?
_____ 8. De todos mis hijos no hay ninguno	h. que no se pelee tanto.
_____ 9. ¿Viste las fotos	i. que tomé durante las vacaciones?

2 **Un maleducado** Roberto es un poco insoportable. Completa sus comentarios con la forma adecuada del presente del subjuntivo. Luego, escribe otros dos comentarios que Roberto pudo haber dicho.

1. Quiero tener cuñados que no me _____ (caer) mal.

2. Necesito hacer un viaje que me _____ (llevar) lejos de aquí.

3. ¿Puedes darme un consejo que me _____ (ayudar) a tolerar a esta familia?

4. Necesito una habitación que me _____ (dar) un poco de paz.

5. No quiero hablar. Quiero ver un programa televisivo que _____ (ser) divertido.

6. Gracias por el regalo, pero no necesito unos guantes que me _____ (proteger) del frío. Ya tengo dos pares muy buenos.

7. ¿Hay algún pastel que no _____ (estar) cubierto de chocolate? Odio el chocolate.

8. ¿Hay alguien en esta casa que _____ (saber) cocinar bien?

9. _____

10. _____

3 **Una prueba** Indica si estas oraciones requieren el uso de la preposición **a** (**a** personal).

1. ¿Conoces _____ alguien que organice fiestas de aniversario?

2. Busco _____ alguien que me ayude a organizar la mía.

3. Necesito _____ un grupo musical que sea bueno.

4. Lo siento, no conozco _____ nadie que sepa de ningún grupo.

5. ¿Conoces _____ un cocinero que sea bueno?

6. ¿Me recomiendas _____ un buen agente de viajes?

7. Quiero conocer _____ alguien que trabaje en un buen restaurante.

8. Acabo de conocer _____ una chef excelente.

4 **Antonio se queja demasiado** Antonio le cuenta a Beth algunos problemas que tiene. Completa el diálogo con los verbos entre paréntesis.

1. ANTONIO Tengo muchos problemas, Beth; ¿qué debo hacer?

   BETH Debes hablar con alguien que te _____ (escuchar) y que te _____ (entender).

2. ANTONIO Mi abuelo está enfermo y mi familia quiere que él haga un testamento (*will*).

   BETH Busca un abogado que _____ (ser) honesto y que _____ (tener) mucha experiencia.

3. ANTONIO Mis amigos dicen que tengo un carácter débil (*weak*).

   BETH Necesitas amigos que te _____ (querer) como eres.

4. ANTONIO Mi novia es muy egoísta y exigente.

   BETH No estés triste. Conozco a algunas mujeres que _____ (poder) estar a tu lado.

5. ANTONIO ¡Tengo el peor apodo (*nickname*) del mundo!

   BETH Tus amigos deben ponerte un apodo que te _____ (quedar) mejor.

6. ANTONIO Mi padre no quiere que yo estudie música.

   BETH Tienes derecho a elegir la carrera que más te _____ (gustar).

7. ANTONIO Mi madrastra es insoportable.

   BETH ¡No conozco a nadie que se _____ (quejar) tanto como tú!

5 **Ahora tú** Contesta las preguntas con oraciones completas. Usa el subjuntivo o el indicativo en oraciones subordinadas adjetivas.

1. ¿Qué tipo de corte de pelo te gusta? ¿Qué corte te recomienda tu madre?

   _____

2. ¿Qué tipo de novio/a buscas? ¿Qué tipo de novio/a quiere tu padre para ti?

   _____

3. ¿Qué clase de trabajo necesitas? ¿Qué trabajo necesita tu mejor amigo/a?

   _____

4. ¿Cómo es la ropa que llevas? ¿Qué estilo de ropa llevan tus primos?

   _____

5. ¿Qué tipo de restaurantes conoces? ¿Qué tipo les recomiendas a tus padres?

   _____

6. ¿Cómo es tu clase ideal? ¿Qué clases deben tomar los estudiantes de primer año?

   _____

4.2 Reflexive verbs

1 **¿Cuál elijo?** Completa las oraciones con el verbo adecuado usando el presente del indicativo.

1. Ana y Juan _____*acuerdan*_____ (acordar – acordarse) no pelear más.

2. Ana y Juan _____*se acuerdan*_____ (acordar – acordarse) de los buenos tiempos.

3. Carmen _____ (ir – irse) temprano de la fiesta.

4. Carmen _____ (ir – irse) a la fiesta muy mal vestida.

5. Martín y Silvia _____ (llevar – llevarse) muy bien.

6. Martín y Silvia _____ (llevar – llevarse) un regalo a los niños.

7. Sebastián _____ (poner – ponerse) la camisa sobre la cama.

8. Sebastián _____ (poner – ponerse) la camisa roja.

9. Susana _____ (mudar – mudarse) el escritorio a una habitación más luminosa.

10. Susana _____ (mudar – mudarse) a un apartamento nuevo.

11. Ana _____ (reunir – reunirse) el material que necesita para terminar la tarea.

12. Ana _____ (reunir – reunirse) con sus amigos para terminar la tarea.

2 **Hermana inocente** Mariana le cuenta a una amiga sobre su hermana Gertrudis. Escribe la forma adecuada (presente o infinitivo) del verbo correcto entre paréntesis para completar lo que dice.

Gertrudis dice cosas extrañas. Dice que mi novio Víctor es un desastre, que 1) _____ (acercarse / maquillarse) a mí sólo para copiar mi tarea. Además, 2) _____ (atreverse / levantarse) a decir que yo no 3) _____ (ponerse / darse cuenta) de la brecha generacional entre él y yo. ¡Víctor sólo tiene un año más que yo! Gertrudis dice también que ningún otro chico va a 4) _____ (secarse / fijarse) en mí mientras que yo esté con Víctor. Ella dice que voy a 5) _____ (sorprenderse / vestirse) si 6) _____ (enterarse / quitarse) de lo que él hace cuando no está conmigo. Creo que voy a 7) _____ (peinarse / arrepentirse) de no escuchar a Gertrudis. Lo curioso es que ella 8) _____ (morirse / despertarse) de envidia cuando ve a Víctor llegar a casa y hasta 9) _____ (llevarse / olvidarse) de su telenovela, sólo por vigilarnos (*keep an eye on us*). Me pregunto si Gertrudis sueña con 10) _____ (convertirse / irse) en su novia. Mi hermana no debe 11) _____ (preocuparse / cepillarse) por nosotros. De todas maneras, cuando ella sale con Víctor, ¡yo no 12) _____ (mudarse / quejarse)!

3 **¡Sí!** Felipe y su hermana Felisa quieren ir al zoológico y dicen que sí a todo lo que su madre les pregunta. Completa la conversación con el pretérito de los verbos. No vas a usar todos los verbos de la lista.

| acostarse | cepillarse | ducharse | peinarse | quitarse |
| bañarse | despertarse | lavarse | ponerse | secarse |

MADRE ¿1) _____ la cara? Es muy feo estar con la cara sucia.

LOS NIÑOS Sí, mamá, 2) _____ la cara.

MADRE ¿3) _____? Sería muy feo salir despeinados.

LOS NIÑOS Sí, mamá, 4) _____.

MADRE ¿5) _____ los dientes? Es importante hacerlo después de cada comida.

LOS NIÑOS Sí, mamá, 6) _____ los dientes.

MADRE Felipe, ¿7) _____ el pantalón marrón? Es el más limpio que tienes.

FELIPE Sí, mamá, 8) _____ el pantalón marrón.

MADRE Felisa, ¿9) _____ los zapatos viejos? No quiero que salgas con zapatos tan gastados.

FELISA Sí, mamá, 10) _____ los zapatos viejos.

MADRE Bien. Entonces ya podemos ir al zoológico.

4 **Un secretario con paciencia** Miguel es el secretario de un director de espectáculos muy despistado (*absent-minded*). Completa las preguntas de Miguel. Usa las preposiciones **de, en** o **a**.

1. ¿Se acordó _____ hablar con el conjunto *Los maniáticos*?

2. ¿Se dio cuenta _____ que las invitaciones no están bien?

3. ¿Se acordó _____ que el líder del grupo se quejó _____ la decoración?

4. ¿Se dio cuenta _____ que los músicos se fijaron _____ la suciedad del escenario?

5. ¿Se enteró _____ que el chef está enfermo?

6. ¿Se acordó _____ que la banda quiere pizza y gaseosa (*soda*)?

7. ¿Se sorprendió _____ que los fans del grupo no quieran venir al concierto?

8. ¿Se acercó _____ la oficina del representante para ver si ya estaba todo arreglado?

5 **Dos rutinas** Escribe un párrafo para comparar tu rutina diaria con la de un pariente que sea muy diferente a ti (diferente estilo de vida, generación, carácter). Usa estos verbos y, por lo menos, dos más que no estén en la lista.

| acostarse | cepillarse | maquillarse |
| afeitarse | ducharse | vestirse |

_____

_____

_____

_____

_____

4.3 *Por* and *para*

1 **Viaje por Centroamérica** Empareja las frases de las dos columnas para formar los comentarios de dos viajeros en Centroamérica.

_____ 1. Viajaremos a la selva	a. para Nicaragua.
_____ 2. Tres meses en Centroamérica es muy poco tiempo	b. para completar nuestro itinerario.
_____ 3. El chico que conocimos trabaja	c. para nuestras familias.
_____ 4. El próximo fin de semana saldremos	d. para conocer la naturaleza.
_____ 5. Compramos unos regalos	e. para una compañía de aerolíneas.

2 **De viaje** Completa las oraciones con las expresiones de la lista. Hay una expresión que no debes usar.

por la casa de los tíos	por sólo 60 pesos	por toda la ciudad
por mí	por teléfono	por un año

1. Me quiero quedar en Centroamérica _____.

2. Puedo hacer una excursión al lago de Nicaragua _____.

3. Cuando vuelva del lago de Nicaragua, voy a pasar _____. Por fin los voy a conocer.

4. Mañana, voy a salir con mi nuevo amigo. A las diez va a pasar _____.

5. Él nos va a llamar _____.

3 **Una reservación** Completa esta conversación con **por** y **para**.

RECEPCIONISTA ¿Qué puedo hacer 1) _____ usted?

CLIENTE Quisiera reservar una habitación.

RECEPCIONISTA ¿2) _____ cuándo la necesita?

CLIENTE 3) _____ el 2 de agosto.

RECEPCIONISTA ¿4) _____ cuántas personas es la habitación?

CLIENTE 5) _____ dos.

RECEPCIONISTA ¿6) _____ cuánto tiempo la necesita?

CLIENTE 7) _____ una semana completa.

RECEPCIONISTA Muy bien. ¿8) _____ quién es la reservación?

CLIENTE 9) _____ el señor Jiménez y su esposa.

Lección 4 Workbook **45**

4 **Una carta** Antonio acaba de recibir una carta de sus padres, quienes no están contentos con su viaje a Panamá. Completa la carta con expresiones de la lista.

no es para tanto	por allí	por mucho que
no estamos para bromas	por aquí	por primera vez
para colmo	por casualidad	por si acaso
para que sepas	por eso	por supuesto

Querido Antonio:

1) _____ está todo bien y esperamos que

2) _____ también lo esté. 3) _____ lo

pensemos y lo conversemos, tu padre y yo no estamos contentos con tu viaje.

4) _____ en nuestras vidas estamos muy preocupados

porque creemos que eres muy joven para hacer semejante viaje solo. Y ahora

aparece tu amigo Pablo en Panamá. ¿Acaso él no vive en Costa Rica?

¿Qué hace ahora en Panamá? 5) _____ que confiamos

en ti. Pero, uno nunca sabe y, 6) _____, queremos que

estés atento. 7) _____, tu prima Merceditas conoció a un

nuevo amigo muy bueno y muy simpático, pero que resultó ser un maleducado

insoportable. Antonio, querido, te pedimos que tengas mucho cuidado. ¡No

seas tan confiado! Un beso de papá y mamá que te quieren mucho.

P.D.: ¡Por favor! No se te ocurra alargar el viaje,

8) _____ tan pesadas.

5 **Ahora tú** Completa las oraciones. Usa tu imaginación.

1. Hice un viaje por _____.

2. Hice un viaje para _____.

3. Vengo a la universidad por _____.

4. Vengo a la universidad para _____.

5. Quiero comprar una maleta por _____.

6. Quiero comprar una maleta para _____.

COMPOSICIÓN

▪ Paso 1

Lee un fragmento del artículo *La herencia de los mayas*.

> "Hoy día, muchas personas de origen maya viven en ciudades y practican profesiones modernas. Muchos también viven en pequeñas poblaciones dedicadas especialmente al cultivo del maíz y del frijol. La mayoría de estos habitantes se dedica a las labores del campo, usando métodos de sus antepasados para el cultivo de la tierra. También ha resistido el paso de los siglos la elaboración de tejidos (*textiles*) y de cerámicas, que todavía tiene importancia en la economía de las poblaciones mayas."

Ahora, piensa en tu comunidad, ¿qué tradiciones han resistido el paso de los siglos en tu cultura?

_____

_____

_____

_____

▪ Paso 2

Sigue este plan de redacción para escribir una composición sobre la importancia de preservar las tradiciones. Usa el subjuntivo con oraciones subordinadas adjetivas, **por** y **para,** y algunos verbos reflexivos.

- Prepara una lista de palabras, expresiones e ideas relacionadas con la cultura en general y las tradiciones.
- Ordena las ideas de forma lógica y piensa en ejemplos específicos de tu propia cultura o del mundo hispano para ilustrar las ideas.
- Piensa en cómo introducir y terminar la composición. Puede ser una pregunta, un ejemplo, una anécdota personal, un dato estadístico, etc.
- Prepara un borrador (*draft*) con una introducción, el desarrollo de las ideas y la conclusión.
- Comprueba el uso correcto del subjuntivo, de los reflexivos y de las preposiciones **por** y **para**.
- Escribe la versión final de la composición.

_____

_____

_____

_____

_____

_____

_____

_____

_____

_____

Workbook

PARA EMPEZAR

Lección 5

1   **La naturaleza**   Lee las descripciones y escribe la palabra que corresponde a cada una.

ave	cordillera	incendio	serpiente
ballena	erosión	lagarto	terremoto

1. _____ → Es un animal enorme que vive en el océano.

2. _____ → Es un fenómeno natural por el que se mueve la tierra.

3. _____ → Un ejemplo es la cobra.

4. _____ → Es un sinónimo de pájaro.

5. _____ → Es un sinónimo de fuego.

6. _____ → Es un grupo de montañas.

2   **La intrusa**   Indica la palabra que no pertenece a cada grupo y luego escribe su definición.

1. el águila   el mono   el tigre   el león
   _____

2. el mar   seco   el río   la costa
   _____

3. el pez   la foca   la tortuga marina   el lobo
   _____

4. el combustible   la fuente   el recurso   la contaminación
   _____

5. agotar   conservar   desaparecer   extinguirse
   _____

6. prevenir   proteger   malgastar   mejorar
   _____

3   **Vacaciones**   Completa este diálogo con las opciones de la lista.

aguantar	dañino	paisaje	puro	serpientes
aire libre	incendios	prevenir	sequía	terremotos

TAMARA   Hola Enrique. ¿Adónde vas de vacaciones este año?

ENRIQUE   Voy al lago. Ya sabes que me encanta estar al 1) _____. Además, el
2) _____ de la zona es increíble.

TAMARA   Pero, ¿no te dan miedo las 3) _____? He oído que el año pasado una
picó (*bit*) a un turista.

ENRIQUE   Me preocupan más los 4) _____ forestales. Con tanto calor y sin lluvia,
continúa la 5) _____ y el riesgo de fuego es mayor que nunca.

TAMARA   ¿Crees que vale la pena 6) _____ todas esas cosas sólo por descansar?

ENRIQUE   ¡Claro que sí! Deberías venir conmigo y respirar un poco de aire 7) _____.

4 **Problemas y soluciones** Completa el párrafo con palabras y expresiones adecuadas del vocabulario de esta lección.

Durante los últimos años, diversos grupos medioambientales nos han alertado sobre los

1) _____ que afectan a nuestro planeta. Parece cierto que la disminución de la

2) _____ sobre la Antártida está provocando un aumento en el 3) _____

global. Por otro lado, los niveles de 4) _____ en el aire de grandes núcleos urbanos

aumentan cada día, debido principalmente al alto 5) _____ de energía y a la producción

indiscriminada de basura. Por si esto fuera poco, cada día aumenta el número de especies en peligro

de 6) _____ a causa de la deforestación de zonas como la 7) _____ amazónica.

Aunque la situación parece crítica, todavía se puede solucionar. Se recomienda el uso de materiales

reciclados y el desarrollo de fuentes de energía 8) _____ que eviten la contaminación.

¡Entre todos podemos 9) _____ nuestro planeta!

5 **Asuntos medioambientales** Contesta estas preguntas con oraciones completas.

1. ¿Te afecta la contaminación del aire directamente? ¿E indirectamente? Explica.

_____

_____

2. ¿Qué haces para prevenir la deforestación? ¿Valen la pena tus esfuerzos? Explica.

_____

_____

3. ¿Te preocupa la desaparición de la capa de ozono? ¿Está esta situación mejorando o empeorando? ¿Por qué?

_____

_____

4. ¿Por qué crees que las generaciones del pasado no pensaban en buscar energías renovables?

_____

_____

6 **¿Dónde vivir?** Tu mejor amigo/a está considerando un trabajo en un área rural, pero le gusta demasiado la ciudad. Explícale las ventajas de vivir cerca de la naturaleza. Usa al menos cuatro de las palabras y expresiones de la lista.

al aire libre	contaminación	mejorar	recursos naturales
bosque	medio ambiente	paisaje	respirar

_____

_____

_____

_____

_____

_____

_____

_____

Lección 5

Colombia, Ecuador y Venezuela

1 **¿Cuánto sabes?** Contesta las preguntas.

1. ¿Qué cordillera atraviesa Ecuador, Colombia y Venezuela?

   _____

2. ¿Qué país tiene la mayor densidad de volcanes en su territorio?

   _____

3. ¿Cuál es la mayor atracción del Parque Nacional Cotopaxi?

   _____

4. ¿Cuándo fue la última vez que hizo erupción el volcán Cotopaxi?

   _____

5. ¿Dónde se encuentra el Parque Nacional El Cocuy?

   _____

6. ¿Cuáles son dos de los picos del Parque Nacional El Cocuy?

   _____

7. ¿Qué es el Salto Ángel?

   _____

8. ¿Cómo se puede ir al Salto Ángel?

   _____

Flash Cultura

2 **¿Cierto o falso?** Después de ver el video, indica si lo que se dice en las oraciones es **cierto** o **falso**.

	Cierto	Falso
1. El nombre *Yunque* proviene de la palabra taína *yuca*, y significa "tierra fértil".	O	O
2. El Yunque es la tercera reserva forestal más antigua del hemisferio occidental.	O	O
3. El símbolo de Puerto Rico es el coquí.	O	O
4. Para llegar a la cima es necesario estar en forma y llevar brújula, agua, mapa, etc.	O	O
5. Una caminata hasta la cima puede llevar hasta siete días.	O	O
6. Como la cima está rodeada de nubes, los árboles no tienen luz para crecer.	O	O

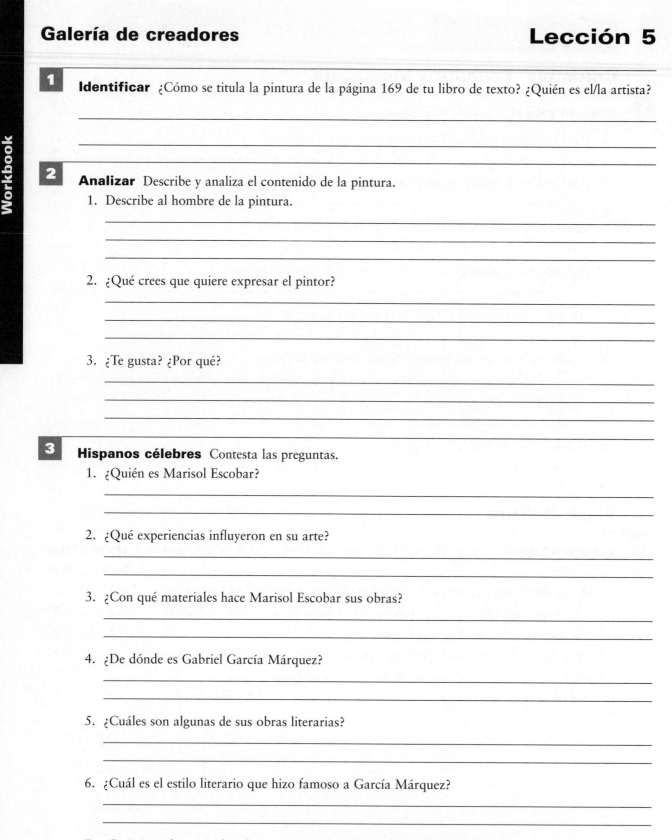

Galería de creadores

Lección 5

1 **Identificar** ¿Cómo se titula la pintura de la página 169 de tu libro de texto? ¿Quién es el/la artista?

_____

_____

2 **Analizar** Describe y analiza el contenido de la pintura.

1. Describe al hombre de la pintura.

_____

_____

_____

2. ¿Qué crees que quiere expresar el pintor?

_____

_____

_____

3. ¿Te gusta? ¿Por qué?

_____

_____

_____

3 **Hispanos célebres** Contesta las preguntas.

1. ¿Quién es Marisol Escobar?

_____

_____

2. ¿Qué experiencias influyeron en su arte?

_____

_____

3. ¿Con qué materiales hace Marisol Escobar sus obras?

_____

_____

4. ¿De dónde es Gabriel García Márquez?

_____

_____

5. ¿Cuáles son algunas de sus obras literarias?

_____

_____

6. ¿Cuál es el estilo literario que hizo famoso a García Márquez?

_____

_____

7. ¿Qué tiene de particular el comienzo de la carrera de Carolina Herrera?

_____

_____

ESTRUCTURAS

5.1 The future

1 **Cena especial** Mireya y Humberto van a una cena en casa de Sergio. Completa estas oraciones con el tiempo futuro.

1. Las cenas de Sergio son todas iguales. A la una de la tarde, Sergio _____ (salir) para el supermercado, donde _____ (comprar) todos los ingredientes.
2. Creo que él _____ (hacer) su famosa carne asada (*roast*). Sin embargo, él no _____ (poder) empezar a cocinar hasta las cuatro, porque primero _____ (tener) que limpiar el apartamento.
3. Humberto y yo _____ (vestirse) temprano porque, antes de ir a casa de Sergio, nosotros _____ (pasar) por la pastelería por el postre.
4. Nosotros _____ (llegar) a casa de Sergio a las siete y media. Los demás invitados no _____ (deber) llegar hasta las ocho.
5. Humberto _____ (querer) ayudar en la cocina, y yo _____ (poner) la mesa mientras Sergio termina de cocinar.
6. Por fin, Sergio _____ (venir) a la sala a charlar con todos. Él _____ (distraerse) con la conversación y _____ (olvidar) la comida. No importa porque, como siempre, los invitados le _____ (decir) que comience a servirla.

2 **Proyecto** Completa este artículo sobre un grupo de científicos, usando el futuro de los verbos de la lista.

cazar	estudiar	poder
divertirse	mejorar	recibir
enseñar	nacer	saber
erradicarse	obtener	traducir

Un centro mexicano de investigación biológica 1) _____ realizar un proyecto en una zona montañosa de Colombia. Seis científicos del centro viajan a ese país por seis meses para investigar a una población de monos. El grupo científico 2) _____ a monos con una enfermedad contagiosa, y por eso sus miembros 3) _____ vacunas antes de viajar. La comunidad que los espera 4) _____ los detalles de la investigación cuando lleguen los expertos. Además, el equipo le 5) _____ a los habitantes medidas de prevención contra la enfermedad. El equipo científico espera la recuperación de los monos de la región y dicen que muchas nuevas crías (*babies*) 6) _____. No dudan de que la enfermedad 7) _____ para siempre y la condición de vida de los monos 8) _____. Los científicos llevan alimentos (*food*) para las expediciones fuera de la comunidad, pero en algunos pocos casos 9) _____ aves comestibles que no estén en peligro de extinción. Seguramente, los investigadores 10) _____ muchos datos útiles.

3 **Planes** Sergio e Isabel se casan y están haciendo planes. Reescribe cada oración usando una alternativa que también exprese el futuro.

> **modelo**
>
> Dentro de dos años tendremos cuatro hijos.
> *Dentro de dos años **vamos a tener** cuatro hijos.*

1. Esta mañana salimos a comprar las invitaciones. _____
2. Pronto van a venir mis padres para conocerte. _____
3. En la boda la banda va a tocar toda la noche. _____
4. Hoy encontraré nuestro primer apartamento. _____
5. Esta noche hacemos la lista de los invitados. _____
6. Mañana podremos descansar. _____

4 **Especular** Sergio preparó una cena para sus amigos y, mientras comen, él los observa. Usa el futuro de probabilidad para escribir lo que Sergio está pensando.

> **modelo**
>
> Veo que Mariela no está hablando con nadie.
> *¿Estará enojada?*

1. Qué curioso que Beatriz se ponga el suéter.

_____

2. Menos mal que Pedro y Rosa están de buen humor.

_____

3. Sin embargo, Mireya no ha tocado su comida.

_____

4. Me preocupa que Humberto esté bostezando (*yawning*).

_____

5. Yo no estoy pasándolo bien.

_____

5 **Saber del futuro** Escribe una composición para contar lo que pasará si no cuidamos nuestro planeta, usando las expresiones de la lista y otras. Escribe un título para tu composición.

calentamiento	extinguir
capa de ozono	inundar
combustible	plantas nucleares
consumo de energía	proteger

Título: _____

_____

_____

_____

_____

_____

_____

_____

5.2 The conditional

1 **Noticias inciertas** El condicional puede usarse para especular sobre situaciones inciertas. Escribe en condicional el verbo subrayado para cada uno de estos titulares.

1. El próximo verano <u>será</u> muy caluroso.

_____

2. Nuevas investigaciones en China indican que los osos panda <u>se extinguirán</u>.

_____

3. Los científicos afirman que <u>hay</u> muchas plantas sin descubrir.

_____

4. Las partes más profundas del planeta <u>se encuentran</u> en el centro del océano Pacífico.

_____

5. La deforestación de los bosques <u>puede</u> producir tremendas erosiones de suelos.

_____

6. El gobierno <u>quiere</u> disminuir el consumo de energía eléctrica.

_____

2 **¿Qué hacemos?** Marcos e Isabel hablan sobre el fin de semana. Completa la conversación usando el condicional.

MARCOS Oye, Isabel, tengo una idea. ¿Qué te parece si visitamos algún pueblo de las montañas este fin de semana con mis hermanos?

ISABEL Hmm, no sé si me 1) _____ (gustar) una excursión a las montañas. Además, no sé cómo todo el equipaje 2) _____ (caber) en ese auto tan pequeño que tiene tu hermano.

MARCOS No te preocupes, mujer. Nosotros sólo 3) _____ (poner) en las mochilas cosas de extrema necesidad. Además, mis hermanos 4) _____ (hacer) toda la comida.

ISABEL Hmm... Y, ¿qué 5) _____ (usar) tú para dormir?

MARCOS No sé todavía qué carpas (*tents*) nosotros 6) _____ (llevar). Yo 7) _____ (poder) averiguar eso ahora mismo si quieres.

ISABEL Bueno, está bien. Entonces aquello 8) _____ (valer) la pena. Después de todo, yo 9) _____ (tener) que elegir entre quedarme sola en el apartamento o morirme de la risa con los chistes ridículos de tus hermanos.

3 **Con amabilidad** A los ayudantes del laboratorio no les gusta trabajar con Jaime porque éste sólo sabe dar órdenes. Completa el cuadro escribiendo cómo pedirías tú los mismos favores de forma educada.

modelo

Jaime	Tú
¡Dame el líquido azul!	¿Me darías el líquido azul, por favor?

1. ¡Mañana ven a la oficina a las ocho! _____
2. ¡Pon las cosas en su lugar! _____
3. ¡Sal a comprarme una botella de agua mineral! _____
4. ¡Dime los resultados! _____
5. ¡Llega temprano la semana próxima! _____
6. ¡Apaga la computadora! _____

Workbook

4 **No era así** Antes de viajar a Colombia, Sergio tenía ideas equivocadas sobre ese país. Lee sus ideas y luego completa las oraciones para explicar lo que creía antes y lo que sabe ahora.

> **modelo**
>
> Las ciudades colombianas son pequeñas.
> Creía que *las ciudades colombianas serían pequeñas,*
> pero *algunas son muy grandes y cosmopolitas.*

1. Bogotá no tiene muchos parques.
   Suponía que _____; sin embargo, _____.
2. Las playas colombianas están contaminadas.
   Pensaba que _____, pero _____.
3. No hay mucha naturaleza.
   Creía que _____, pero _____.
4. El Carnaval de Barranquilla no me interesa.
   Me parecía que _____; por el contrario, _____.
5. No existen monos en el país.
   Estaba seguro de que _____; sin embargo, _____.
6. Se ven pocos animales en la selva amazónica.
   Me imaginaba que _____, pero _____.

5 **¿Qué pasaría?** Explica lo que posiblemente pasó en estas situaciones. Usa el condicional.

> **modelo**
>
> Una amiga que generalmente saca buenas notas no aprobó un examen.
> *No estudiaría bastante.*

1. Una pareja que llevaba dos años junta decidió terminar la relación de repente.
   _____
2. Le escribiste un correo electrónico a una amiga hace una semana. Siempre contesta puntualmente, pero esta vez no ha contestado.
   _____
3. Hace un mes unos amigos fueron a Costa Rica a un parque nacional. Nadie sabe nada de ellos.
   _____
4. Tus padres acaban de volver de un crucero con dolores de estómago y vómitos.
   _____
5. Un amigo tuvo una entrevista para un trabajo que le encanta, pero no quiere contar cómo le fue.
   _____

6 **Auxilio** Te interesa trabajar como voluntario/a en una zona donde ocurrió una catástrofe. ¿Cómo ayudarías a las víctimas? Elige uno de los fenómenos de la lista y escribe un párrafo usando el condicional.

huracán	incendios	inundación	sequía	terremoto

_____
_____
_____
_____
_____

5.3 Relative pronouns

1 **Un nuevo trabajo** Valeria se quedó sin trabajo, pero pronto encontró otro. Completa las oraciones usando las cláusulas de la lista para saber lo que le ocurrió.

> a. en que trabajé durante doce años
> b. que tengo en el banco
> c. que me dio el secretario
> d. lo que quiero
> e. con quien me llevo muy bien
> f. quienes me ayudaron mucho
> g. quien es un hombre muy respetado

1. El proyecto para proteger el medio ambiente _____ se canceló la semana pasada.
2. Mis compañeros del proyecto, _____, me dijeron que me llamarían para otros proyectos.
3. Pronto me llamaron y llené el formulario _____ para colaborar en una organización nueva.
4. El presidente de esta organización, _____, quiere que le ayude.
5. ¿Qué es _____? Trabajar para que la contaminación no destruya nuestras vidas.
6. María, la directora del nuevo proyecto, _____, desea que empiece lo antes posible.
7. Me gustan tanto los proyectos que hacen que no me importaría darles todo el dinero _____.

2 **Un fotógrafo singular** Marcos habla de un proyecto de fotografía que le salió muy bien. Elige la opción correcta para completar cada oración.

1. La semana pasada fui al bosque con la cámara (que – con la cual – en que) _____ compré hace poco.
2. El periodista que estaba conmigo, (de quien – quien – cuya) _____ era muy amable, me ayudó con las fotos.
3. Lo primero que hice fue sacar una foto (en la que – con la que – por la que) _____ se veía mucha basura por todas partes.
4. Después intenté tomar unas fotos de la reserva, (cuyos – cuyo – cuya) _____ río tenía el agua contaminada.
5. Después fui con las fotos a reunirme con el director de la revista, (por quien – de quien – con quien) _____ no me llevaba bien porque pensaba que yo no era un fotógrafo serio.
6. Le enseñé las fotos (que – los que – cuyas) _____ eran para un artículo sobre el medio ambiente.
7. Él me dijo que eran muy buenas y que era la razón (por la cual – de la cual – en la cual) _____ me daba otra oportunidad.
8. ¡Vaya sorpresa! El trabajo de fotógrafo (con el que – para el que – el que) _____ me contrataron en la revista me encanta y el director y yo nos hicimos amigos.

3 **Opciones** Lee las oraciones y reemplaza cada pronombre relativo subrayado con otro que sea posible.

> **modelo**
>
> La zona, en la que viven miles de especies de aves, se conoce por su buen clima.
> *la cual*

1. Las colegas con las que trabajé el año pasado salen hoy para Ecuador.

   _____

2. Me llevo mal con mi compañera de apartamento, quien se niega a reciclar.

   _____

3. Los huracanes por los que tantos perdieron sus casas causaron más destrucción de lo pensado.

   _____

4. Su amigo, que echa basura en el bosque, no se preocupa por el medio ambiente.

   _____

5. El auto del futuro, para el que no se necesitará combustible, será más económico.

   _____

6. Se controla el consumo de agua por la sequía, contra la que se está luchando.

   _____

4 **Experimentos** Paula habla de lo que hizo para proteger los derechos de los animales. Une cada par de oraciones con un pronombre relativo para contar su historia. Haz otros cambios necesarios.

> **modelo**
>
> Yo trabajaba en un laboratorio. El laboratorio tenía cuatro empleados.
> *Yo trabajaba en un laboratorio que tenía cuatro empleados.*

1. Yo tenía mucha experiencia. Había adquirido la experiencia en la selva amazónica.

   _____

2. Era una empresa muy grande. En la empresa investigaban nuevos medicamentos.

   _____

3. Yo me preocupaba por nuestros experimentos. Los experimentos se hacían a veces con animales.

   _____

4. A los dos meses yo pedí hablar con el director. A él también le preocupaban los animales.

   _____

5. El director me dijo que iba a crear un departamento nuevo. En este departamento sólo se iba a investigar con plantas.

   _____

6. Ojalá pronto todas las empresas dejen de experimentar con animales. Los animales tienen que ser protegidos.

   _____

7. El objetivo es humanitario. Tenemos que trabajar hacia ese objetivo.

   _____

8. Los demás químicos del laboratorio también están convencidos. Respeto mucho a los demás químicos del laboratorio.

   _____

Workbook

COMPOSICIÓN

▪ Paso 1

Lee el artículo.

Gran explosión en la Selva de Yungas

Orán, 28 de abril de 2002. Científicos del grupo Águila dorada, que tienen un campamento en la Selva de Yungas, informaron que ayer por la noche hubo una gran explosión en el gasoducto Mergas. El fuego podía verse desde kilómetros de distancia. Aún no se tiene mucha información sobre los daños provocados, pero la selva está en peligro.

En 1998, la empresa Mergas quería construir un gasoducto que atravesaría la Selva de Yungas, en el norte de la República Argentina. Muchos ecologistas protestaron: "Quisiéramos que las autoridades controlen la situación. Autorizar la construcción del gasoducto es como si autorizaran a destruir la selva, porque si hay un accidente, se quemará gran parte de ella. El lugar no es adecuado para construir un gasoducto. Hay mucho riesgo." Mergas respondió que estaría todo muy bien controlado: "Tomaremos todas las medidas de seguridad necesarias. Además, contribuiremos con la naturaleza, porque si se construye un gasoducto, los habitantes de la Puna tendrán gas. Si ellos tienen gas, no cortarán y quemarán árboles".

El gobierno de Orán creyó los argumentos de Mergas y autorizó la construcción del gasoducto. La empresa lo terminó de construir en 1999. El año pasado, hubo una pequeña explosión que fue rápidamente controlada. Los grupos ecologistas protestaron, pero el gobierno creyó nuevamente a Mergas: "No hay peligro. Todo está controlado."

¿Cómo explicará Mergas la explosión que hubo anoche? ¿Seguirá diciendo que no hay peligro? En 1998 dijeron que el gasoducto evitaría que los habitantes de la Puna cortaran y quemaran árboles. ¿Cuántos árboles se quemaron y se quemarán en este accidente? ¿Cuántos animales desaparecieron y desaparecerán? Hay especies de animales y de plantas que solamente existen en la Selva de Yungas. ¿Se extinguirán esas especies en este gran incendio? ¿Cuánto tiempo llevará recuperar la selva? ¿Se podrá recuperar?

atravesaría *would go through*

▪ Paso 2

Escribe un párrafo para responder a las preguntas que hace el periodista al final de la noticia. Escribe oraciones completas y termina con tu opinión sobre este tipo de problema medioambiental. Usa el futuro, el condicional y los pronombres relativos.

- Primero, anota tus ideas; luego, organízalas y haz un borrador (*draft*).
- Termina la composición con una oración que resuma lo que opinas.
- Comprueba el uso correcto del futuro, del condicional y de los pronombres relativos.

_____

_____

_____

_____

_____

_____

_____

_____

Workbook

1 **La intrusa** Indica la palabra que no pertenece a cada grupo y luego escribe una definición.

1. ladrón   terrorista   abogado   secuestrador
   _____

2. derechos humanos   igualdad   justicia   crueldad
   _____

3. pelear   elegir   votar   gobernar
   _____

4. violencia   seguridad   guerra   injusticia
   _____

5. ganar   oprimido   abusar   víctima
   _____

6. chantajear   espiar   robar   pacífico
   _____

7. libertad   amenaza   justicia   democracia
   _____

8. elegir   secuestrar   chantajear   destrozar
   _____

2 **Ideas para el lema de la campaña** Completa estos comentarios de varios candidatos políticos con las palabras de la lista.

dedicarse	ejército	igualdad	libertad
democracia	encarcelar	injusto	temor
derechos	huir	justicia	tribunal

1. La única forma justa de gobierno es la _____.

2. Apoyamos la iniciativa de un _____ que juzgue a todos los que espiaban al presidente.

3. Tenemos que ser valientes. No podemos vivir con _____ a la amenaza terrorista.

4. Nuestro partido cree en la _____ de todos los ciudadanos.

5. Debemos defender la _____ de prensa.

6. Estamos cansados de _____ de los problemas. Ha llegado el momento de dedicarse a defender nuestros _____.

7. Un gobierno que no respeta los derechos humanos es un gobierno _____.

8. El _____, que se está preparando ante la posibilidad de una guerra, tiene que evitar que haya víctimas inocentes.

3   **La transición** Completa el párrafo con palabras y expresiones adecuadas del vocabulario de esta lección.

La semana pasada en mi clase de historia hablamos de la transición española. Después de la muerte del dictador Francisco Franco en los años 70, España se convirtió en un país democrático. La transición fue muy importante porque el país pasó de una 1) _____ militar a una democracia de manera pacífica. Por primera vez en mucho tiempo habría unas 2) _____ democráticas en las que el pueblo español podría 3) _____ a su presidente. Aunque algunos militares en el 4) _____ no estaban muy contentos, afortunadamente casi no hubo 5) _____ y en el año 1978 se 6) _____ la constitución. Con la llegada de la democracia, muchos 7) _____ se presentaron a las elecciones, y en el año 1982 las elecciones trajeron un cambio de 8) _____. Con este cambio, había la creencia de que el pueblo por fin tendría la 9) _____ que había esperado durante tantos años.

4   **Tu opinión cuenta** Contesta estas preguntas con oraciones completas.

1. ¿Prefieres un gobierno liberal o uno conservador? ¿Por qué?

   _____

   _____

2. Si un ladrón roba a los ricos para darles el dinero a los pobres, ¿deben encarcelarlo? ¿Por qué?

   _____

   _____

3. Se dice que el uso de la violencia genera más violencia. ¿Crees que esta afirmación es cierta? Explica tu opinión.

   _____

   _____

4. ¿Cuáles son las ventajas y desventajas de la democracia?

   _____

   _____

5. ¿Puede decirse que una dictadura tiene ventajas? Explica tus respuestas.

   _____

   _____

5   **¡En campaña!** Quieres presentarte a las elecciones presidenciales y demostrarles a los votantes que tus propuestas para gobernar son las mejores. ¡Convéncelos para que voten por ti! Usa al menos seis de estas palabras.

abuso	conservador	gobierno	liberal	seguridad
aprobar	escándalo	igualdad	oprimido	violencia

_____

_____

_____

_____

_____

_____

IMAGINA

Chile

1 **¿Cuánto sabes?** Contesta las preguntas con oraciones completas.

1. ¿Qué limita a Chile al este y al oeste?

   _____

2. ¿Cuál es la anchura promedio del país?

   _____

3. ¿Qué islas famosas pertenecen al territorio chileno?

   _____

4. ¿De qué archipiélago forma parte la isla Robinson Crusoe?

   _____

5. ¿De qué cultura prehistórica son las ruinas que la isla de Pascua conserva?

   _____

6. ¿Cómo se llaman las esculturas de piedra que se encuentran en la isla de Pascua?

   _____

7. ¿Qué puede verse en el Parque Nacional Torres del Paine?

   _____

8. ¿Con qué país comparte Chile la isla de Tierra del Fuego?

   _____

9. ¿Cómo se llama el desierto que se encuentra en el norte de Chile?

   _____

10. ¿Cómo se llama la lengua de los mapuches?

    _____

Flash Cultura

2 **¿Cierto o falso?** Después de ver el video, indica si lo que se dice en las oraciones es **cierto** o **falso**.

	Cierto	Falso
1. Los puertorriqueños no tienen representación en el Congreso de los Estados Unidos.	○	○
2. El nombre oficial de la Isla es Estado libre asociado de Puerto Rico.	○	○
3. Para viajar a los Estados Unidos desde Puerto Rico es necesario tener visado y cambiar dinero para el viaje.	○	○
4. Los puertorriqueños no pueden alistarse en el Ejército de los Estados Unidos.	○	○
5. Algunas personas consideran a Puerto Rico "lo mejor de los dos mundos".	○	○
6. Algunos puertorriqueños prefieren que Puerto Rico permanezca como estado asociado.	○	○

Workbook

Galería de creadores

Lección 6

1 **Arte**

A. Completa los datos de la pintura que aparece en la página 207 de tu libro de texto.

Artista: _____

Origen: _____

Título de la pintura: _____

Movimiento artístico: _____

B. Observa atentamente la pintura. Describe y analiza lo que ves en ella. ¿Qué crees que quiere expresar el autor? ¿Qué efecto te produce?

_____

_____

_____

_____

_____

_____

_____

_____

_____

_____

_____

2 **Hispanos célebres** Contesta las preguntas con oraciones completas.

1. ¿Quién es Isabel Allende?

_____

2. ¿Cuál fue la primera novela de Isabel Allende?

_____

3. ¿Quién es Violeta Parra?

_____

4. ¿Cuál es una de sus canciones más conocidas?

_____

5. ¿Cuál es la profesión de Miguel Littín?

_____

6. ¿Qué dos de sus películas fueron nominadas al Óscar?

_____

ESTRUCTURAS

Lección 6

6.1 The subjunctive in adverbial clauses

1 **Preparar el debate** Un grupo de asesores (*consultants*) está ayudando a un candidato político a prepararse para un debate. Completa sus consejos y comentarios con los verbos entre paréntesis.

1. Nunca admitas que te equivocaste a menos que tu adversario lo _____ (mencionar) primero.

2. Es muy importante mirar siempre a la cámara para que el público te _____ (creer).

3. No vas a ganar las elecciones sin que los electores _____ (ver) que eres el mejor.

4. Cuando _____ (empezar) el debate, te vas a sentir más relajado.

5. En cuanto ellos te _____ (poner) el micrófono, empezará el debate.

6. Puedes no contestar una pregunta siempre que tú _____ (pensar) que no es necesario hacerlo.

7. Después de que el presentador te _____ (hacer) la última pregunta, nos vamos a celebrar.

8. Podrás ir a tu casa tan pronto como _____ (ganar) las elecciones.

2 **El debate** El candidato político de la **actividad 1** está practicando lo que va a decir. Usa el subjuntivo o el indicativo de los verbos de la lista para completar sus oraciones.

cumplir	hacer
decir	ir
defender	levantarse
dejar	querer
elegir	seguir

1. Hasta que no _____ los treinta años, no me interesó la política.

2. Todas las mañanas, en cuanto _____, hago ejercicio.

3. Mis doctores me dicen que tengo muy buena salud y que, con tal de que _____ con mi plan de ejercicio, estaré fuerte para las elecciones.

4. Iré a la reunión siempre que la prensa _____ preguntas sobre mis ideas políticas y no sobre mi vida personal.

5. A mí me gusta saludar a todo el mundo cuando _____ a una ciudad por primera vez.

6. Antes de que yo _____ la política, mejoraré la economía del país.

7. Gobernaré junto con el partido de la oposición con tal de que ellos _____ el bienestar de todos.

8. Prometo que seré un buen presidente luego de que el país me _____.

9. Aunque mi adversario _____ mentiras sobre mi carácter el mes pasado, yo nunca le haría lo mismo a él.

10. Para que mi partido y yo _____ sus derechos, amigos míos, tienen que votar por nosotros.

3 **Entrevista** Estás entrevistando a una candidata política. Lee sus respuestas y escribe las preguntas que le haces tú. Usa una cláusula adverbial con una conjunción distinta para cada pregunta.

> **modelo**
>
> *¿Qué veremos cuando termine su gobierno?*
> Verán un mejor país con una democracia más sana.

1. ¿_____?
   Voy a defender los derechos de todos.

2. ¿_____?
   Quiero aprobar una ley para luchar contra el terrorismo.

3. ¿_____?
   Me reuniré con las organizaciones de defensa del medio ambiente.

4. ¿_____?
   No, no voy a hablar de mis planes para la paz.

5. ¿_____?
   Prometo dedicarme a hablar con los grupos conservadores y liberales.

4 **Ahora tú** Imagina que acabas de ganar las elecciones a la presidencia de tu país. Escribe al menos seis oraciones del discurso que vas a dar en televisión después de saber que ganaste. Usa las expresiones de la lista y otras conjunciones.

a pesar de que	para que
cuando	siempre que
en cuanto	tan pronto como

_____

_____

_____

_____

_____

_____

_____

_____

_____

_____

_____

_____

_____

6.2 The past subjunctive

1   **La esperanza** Escribe el pretérito imperfecto del subjuntivo del verbo **querer** para expresar estos deseos.

1. Yo _____ un presidente justo.

2. Nosotros _____ terminar con el terrorismo.

3. El país _____ un futuro sin guerras.

4. Los países vecinos _____ mejorar las relaciones internacionales.

5. Tú _____ votar por el mejor candidato.

6. Ustedes _____ seguridad en las calles.

2   **La voz del pueblo** Completa las oraciones con el pretérito imperfecto del subjuntivo de los verbos en estas frases.

ir a perder las elecciones	ser especialistas en política internacional
no entender lo que yo le estaba diciendo	ser suyo
no importarles el medio ambiente	todos nosotros tener mucho dinero

1. Gasta el dinero del partido como si _____

2. Quieren seguir subiendo los impuestos como si _____

3. Me miró como si _____

4. Hablan de conseguir la paz como si _____

5. En la reunión del partido, todos estábamos preocupados como si _____

6. Tratan a los ecologistas como si _____

3   **En la oficina** Completa la conversación entre unos compañeros de trabajo usando estos verbos en el pretérito imperfecto del subjuntivo. Usa cada verbo una sola vez.

aprobar	defender	hablar	secuestrar
chantajear	espiar	juzgar	seguir
dedicarse	estar	saber	ser

SERGIO   ¡Estás equivocado! El candidato liberal se oponía a la reforma constitucional, él no creía que 1) _____ necesaria.

MANUEL   Me sorprendió que él no 2) _____ el proyecto de la reforma, pero lo dijo en el debate. Por otro lado, él quería que su gobierno 3) _____ una ley sobre el medio ambiente lo antes posible. No deseaba que todo 4) _____ igual que antes.

SERGIO   Y el candidato conservador no quería que los tribunales 5) _____ a los políticos acusados de corrupción. No lo comprendo. Yo pensaba que él no iba a permitir que esos ladrones 6) _____ en libertad, disfrutando del dinero de todos.

MARTA   Esta vez, yo deseaba que los candidatos 7) _____ de sus planes para el futuro y no 8) _____ a pelear... ¡como siempre!

4 **Opiniones políticas** Unos amigos hablan de un debate político. Forma oraciones completas y haz todos los cambios necesarios. Conjuga el primer verbo en pretérito y el segundo en pretérito imperfecto del subjuntivo.

> modelo
>
> candidato opositor / desear / juntos / (nosotros) / mejorar / la economía
> *El candidato opositor deseó que juntos mejoráramos la economía.*

1. nuestros representantes / decirle / ejército / luchar / contra / terrorismo

   _____

2. (yo) / aconsejar / gobierno / defender / víctimas / injusticia

   _____

3. partido opositor / exigir / sus miembros / poner / más atención

   _____

4. (ellos) / insistir / policía / encarcelar / ladrones

   _____

5. (tú) / pedir / instituciones / dedicarse / mejorar / democracia

   _____

6. moderadora / recomendar / (nosotros) / pelear / contra / abuso de poder

   _____

7. (yo) / rogar / (tú) / preocuparse / por / derechos humanos

   _____

8. (ustedes) / prohibir / (yo) / influir en / opiniones / de mi familia

   _____

5 **Personalmente** Completa estas oraciones para escribir sobre tu pasado.

> modelo
>
> La semana pasada mis padres me pidieron que los *acompañara a un museo, pero tuve que estudiar.*

1. Cuando yo era más joven, mis amigos siempre querían que yo

   _____

2. El semestre pasado yo esperaba que mis clases

   _____

3. Mis amigos y yo necesitábamos un(a) profesor(a) que

   _____

4. Una vez, un(a) pariente/a me aconsejó que

   _____

5. A todo el mundo siempre le sorprendió que

   _____

6. Antes mis profesores me recomendaban que

   _____

6.3 Comparatives and superlatives

1 **Los candidatos** Lee las fichas de dos candidatos políticos. Luego completa las comparaciones con las palabras de la lista basándote en la información que leíste.

FICHA
Enrique Araneda
Edad: 46 años
Estatura: 1,80 m
Estado civil: casado
Hijos: tres
Estudios: Máster en Economía
Ideología: Liberal
Experiencia política: gobernador por ocho años
Salario anual: $1.000.000
Afiliado a: Organización de Sindicatos Unidos, Organización Ayuda Verde, Organización Mar Limpio

FICHA
Antonio Suárez
Edad: 55 años
Estatura: 1,90 m
Estado civil: casado
Hijos: tres
Estudios: Máster en Ciencias Políticas, Máster en Economía
Ideología: Conservador
Experiencia política: gobernador por cuatro años
Salario anual: $1.000.000
Afiliado a: Organización por la Paz, Organización Acción Popular, Organización de Políticos Católicos

como	que	tantas
más	tan	tanto
menos	tanta	tantos

1. Enrique Araneda es _____más_____ joven _____ Antonio Suárez.
2. Enrique Araneda tiene _____ hijos _____ Antonio Suárez.
3. El candidato conservador tiene _____ experiencia política _____ el liberal.
4. Antonio Suárez es _____ rico _____ Enrique Araneda.
5. El candidato liberal tiene _____ estudios _____ el conservador.
6. El candidato conservador está afiliado a _____ organizaciones _____ el liberal.

2 **Más información** Repasa la información de la **actividad 1** y contesta las preguntas sobre los candidatos. Escribe oraciones completas.

1. ¿Qué candidato te parece que muestra más preocupación por el medio ambiente? ¿Por qué?

   _____

2. Antonio Suárez realizó más estudios de posgrado que Enrique Araneda. ¿Qué ventaja tiene el candidato Araneda sobre su oponente?

   _____

3. En tu opinión, ¿quién tiene menos posibilidades de ganar? ¿Por qué?

   _____

4. Basándote en la información de las fichas, ¿por cuál votarías tú? ¿Por qué?

   _____

Workbook

3 **No estoy de acuerdo** Escribe una comparación para cada par de oraciones.

> **modelo**
> Agustín es inteligente. Roberto es muy inteligente.
> *Roberto es más inteligente que Agustín.*

1. María gana mil pesos al mes. Gloria gana dos mil pesos al mes.

   _____

2. Diego sabe español, francés y ruso. Ana sabe inglés, alemán y griego.

   _____

3. Ernesto tiene veintinueve años. Sebastián tiene veintidós años.

   _____

4. Ana habla mal en público. Francisco habla muy mal en público.

   _____

5. Susana es una empleada lenta. Mariela es una empleada rápida. Berta es una empleada muy rápida.

   _____

6. Las presentaciones de Roberto son malas. Las presentaciones de Tomás son aceptables. Las presentaciones de Néstor son buenas.

   _____

7. Martín da cinco entrevistas por semana. El alcalde da cinco entrevistas por semana.

   _____

4 **Una carta** Un candidato está viajando mucho para su campaña electoral. Lee la carta que le escribió a su familia y complétala con **más/menos** o **tan/tanto/a(s)**.

Querida familia:

Ya estoy en Santiago. Llegué hace dos días. Estoy alojado en el Hotel Internacional. No me gusta para nada. Me gustó mucho más el Hotel Central de Viña del Mar. Este hotel es 1) _____ elegante como el de Viña, pero yo estoy 2) _____ contento aquí que allá. Aquí hay 3) _____ habitaciones como en el Hotel Central, pero hay 4) _____ comodidades. La habitación es 5) _____ grande como la de Viña, pero la cama es 6) _____ cómoda y el servicio de habitación es 7) _____ frecuente que en el Hotel Central. En Viña, el ascensor es nuevo y por eso es 8) _____ rápido. Sin embargo, el salón es 9) _____ cómodo que el de aquí. También extraño la comida de Viña. El desayuno es 10) _____ rico aquí como en Viña, pero los meseros son 11) _____ amables allá. Mañana mismo voy a cambiar de hotel. Después voy a escribirles para contarles dónde voy a estar las próximas dos semanas. Deséenme suerte. Las elecciones están cerca y creo que vamos a ganar.

Un beso grande para todos.

Enrique

COMPOSICIÓN

▪ Paso 1

Contesta las preguntas.

1. ¿Te interesa la política? ¿Por qué?

   _____

   _____

2. ¿Piensas que la democracia es el mejor tipo de gobierno? ¿Por qué?

   _____

   _____

3. Si tuvieras el poder para hacerlo, ¿qué ley aprobarías? ¿Por qué?

   _____

   _____

▪ Paso 2

Escribe un artículo de opinión sobre un(a) político/a del pasado o de la actualidad. Usa comparativos y superlativos, dos verbos en subjuntivo con oraciones adverbiales y otros dos en pretérito imperfecto del subjuntivo.

- Inicia tu artículo presentando a la figura que has elegido.
- Explica por qué te interesa hablar de esta persona. ¿Es alguien popular? ¿Por qué lo crees?
- Explica las ideas que tiene. ¿Te identificas con sus ideas?
- Ordena tus ideas y escribe un borrador (*draft*).
- Concluye el artículo explicando brevemente por qué estás de acuerdo o no con las ideas de ese/a político/a. Agrega un dato de intéres, una pregunta, etc.
- Comprueba el uso correcto de las estructuras gramaticales.

_____

_____

_____

_____

_____

_____

_____

_____

_____

_____

_____

_____

_____

PARA EMPEZAR

Lección 7

1

En la oficina Completa estas conversaciones sobre situaciones laborales con las palabras de la lista. Haz los cambios que sean necesarios.

bolsa	presión
deuda	puesto
dinero	reunión
dueño de la empresa	sindicato
impuesto	sueldo

CONVERSACIÓN 1

—Señor Domínguez, el 1) _____ está planeando una 2) _____.

—¿Cuál es el problema ahora?

—Trabajamos bajo mucha 3) _____ y siempre cumplimos con las fechas. Queremos cobrar más 4) _____ por trabajar en estas malas condiciones.

—Bien, lo discutiré con el 5) _____, pero dudo que escuche sin razones convincentes.

CONVERSACIÓN 2

—Señorita Rodríguez, su currículum es muy interesante. Sus estudios y experiencia son adecuados. El 6) _____ es suyo. ¿Puede comenzar a trabajar el lunes próximo?

—¡Claro que sí! ¿Puedo preguntarle cuál es el 7) _____?

—Es de $2.000 por mes, si le quita los 8) _____.

2

¿Qué son? Escribe una descripción o una definición para estas palabras y expresiones.

1. el impuesto

_____

2. el presupuesto

_____

3. cobrar

_____

4. el sindicato

_____

5. jubilarse

_____

6. el cajero automático

_____

7. la bancarrota

_____

8. la cuenta de ahorros

_____

3 **La crisis económica** Completa este párrafo con palabras y expresiones adecuadas del vocabulario de esta lección.

El año 2008 se va a recordar en Estados Unidos, entre otras cosas, por un desplome (*collapse*) en la 1) _____ parecido al de 1929, en el que ocurrió la Gran Depresión. Esta 2) _____ económica afectó en un principio al mercado inmobiliario (*real estate*): muchas de las casas que estaban 3) _____ perdieron gran parte de su valor y la gente comenzó a no poder pagar sus hipotecas (*mortgages*). Muchísimos bancos quedaron en 4) _____ y el gobierno tuvo que intervenir para que no desaparecieran. Además, a causa de una subida en el nivel de 5) _____, muchas personas se quedaron sin trabajo. Actualmente, se espera que las compañías ajusten sus 6) _____ a las nuevas circunstancias para que no tengan que 7) _____ a más trabajadores. El gobierno, por su parte, intentará invertir en la creación de empleos para que la situación mejore, por lo menos 8) _____. Una cosa es segura: ¡no es el mejor momento para pedirle al jefe un aumento de 9) _____!

4 **Tu opinión cuenta** Contesta estas preguntas con oraciones completas.

1. ¿Preferirías trabajar en un almacén pequeño o para una empresa multinacional? Justifica tu respuesta.

   _____
   _____

2. Se dice que para encontrar un buen trabajo hay que renunciar a algunos ideales. ¿Crees que esta afirmación es cierta? Justifica tu respuesta.

   _____
   _____

3. ¿Es importante tener buenas conexiones a la hora de buscar un empleo? ¿Por qué?

   _____
   _____

4. ¿Crees que es mejor invertir tu dinero en la bolsa de valores o depositarlo en una cuenta de ahorros? ¿Por qué?

   _____
   _____

5 **El mundo laboral** Tu jefe te pide que escribas una oferta de empleo para publicarla en el periódico. El anuncio tiene que incluir las características del empleo y de cómo tiene que ser el/la candidato/a ideal. Usa al menos seis de estas palabras.

ascender	contratar	empleado/a	perezoso/a	solicitar
capaz	dispuesto/a	exigir	puesto	sueldo

_____
_____
_____
_____
_____

IMAGINA

Lección 7

Bolivia y Paraguay

1 **¿Cuánto sabes?** Contesta las preguntas.

1. ¿Cuáles son los idiomas oficiales de Paraguay? _____

2. ¿Dónde es más común el uso del español en Bolivia y Paraguay? _____

3. ¿Qué similitudes tienen los dos países? _____

4. ¿Dónde existe un importante ejemplo de la arqueología boliviana y cómo se llama?

    _____

5. ¿A qué países se extiende el Pantanal? _____

6. ¿Qué atractivos presenta hoy en día la ciudad boliviana de Potosí?

    _____

7. ¿Cuál era la principal característica de las reducciones jesuíticas?

    _____

Flash Cultura

2 **Seleccionar** Después de ver el video, completa las oraciones con la opción correcta.

1. Quito es una de las ciudades _____ del mundo.
   a. de mayor elevación   b. más contaminadas   c. más pobladas

2. La Colina del Panecillo es _____ desde donde se puede observar toda la ciudad de Quito.
   a. un templo   b. un mirador   c. un castillo

3. Los policías de Quito trabajan de cinco y media de la mañana a _____ de la noche.
   a. siete en punto   b. ocho y media   c. nueve y media

4. *Klein Tours* es una agencia especializada en _____.
   a. excursiones   b. comida   c. construcción

5. Las islas _____ forman parte del territorio de Ecuador.
   a. Caimán   b. Galápagos   c. Tortuga

6. En estas islas se formuló la teoría de _____.
   a. los volcanes   b. la gravedad   c. la evolución

7. El Cotopaxi y el _____ son dos de los volcanes más visitados de Ecuador.
   a. Chimborazo   b. Vesubio   c. Nevado del Ruiz

8. *Klein Tours* ayuda al desarrollo de Ecuador promoviendo _____.
   a. sus servicios de ventas   b. su agricultura   c. su naturaleza

Galería de creadores

Lección 7

1 **Un poco de arte**

A. Completa los datos sobre la pintura.

Título de la pintura: _____

Artista: _____

Nacionalidad: _____

Características de sus obras: _____

_____

B. Imagina y escribe brevemente la historia que el pintor quería contar con este cuadro: quiénes son los personajes, qué están haciendo, dónde viven, etc. Luego, inventa un nuevo título para la pintura.

_____

_____

_____

_____

_____

2 **Hispanos célebres** Contesta las preguntas.

1. ¿Quién es Arturo Roa Bastos?

_____

2. ¿Dónde nació Roa Bastos?

_____

3. ¿Cuál es uno de los temas principales de la obra de Roa Bastos?

_____

4. ¿Cuáles son algunas de las obras de Josefina Plá?

_____

5. ¿Cuál es la profesión de Graciela Rodo Boulanger?

_____

6. ¿Qué temas se encuentran normalmente en las pinturas de Rodo Boulanger?

_____

ESTRUCTURAS   **Lección 7**

7.1 The present perfect

1   **Una mañana terrible** Aurora llega tarde a una entrevista de trabajo. Completa la conversación con el pretérito perfecto.

RECEPCIONISTA   No se preocupe señora. El jefe aún no 1) _____ (llegar). Él también está retrasado. ¿Usted 2) _____ (ver) cómo 3) _____ (estar) lloviendo toda la mañana? ¿4) _____ (escuchar) la radio? Los noticieros 5) _____ (decir) que va a seguir así todo el día.

AURORA   ¡Ya, ya (yo) lo 6) _____ (oír)! Cuando me levanté esta mañana, miré por la ventana... y no me lo podía creer... Después, no pude cruzar la calle hasta que dejó de llover... Y me 7) _____ (preocuparse) porque no podía llegar a la entrevista de trabajo a tiempo. Se me rompió el reloj y no me di cuenta hasta hace dos horas.

RECEPCIONISTA   Ya le digo, no se preocupe. Muchos empleados de la empresa todavía no 8) _____ (llegar). Siéntese y relájese. Verá cómo la entrevista le va a salir muy bien.

AURORA   Sí, tiene razón. 9) _____ (ser) una mañana terrible. Muchas gracias y avíseme cuando llegue su jefe.

2   **¡Dos ofertas!** Marcos acaba de encontrar trabajo y le escribe a una amiga para contarle la noticia. Completa su mensaje con el pretérito perfecto de los verbos de la lista.

aceptar	llamar
dar	ofrecer
decir	pedir
estar	recibir
hacer	ser

Hoy estoy muy contento y 1) _____ sonriendo todo el día. ¡Encontré trabajo! Esto se lo tengo que agradecer a Juan, mi compañero de cuarto, quien siempre me 2) _____ muchos buenos consejos, y 3) _____ realmente muy paciente conmigo. Quiero que lo conozcas. En fin, te cuento: ¿Recuerdas que dos meses atrás escribí una carta a *AVD* y otra a la industria *Persa*? ¡No lo vas a creer! 4) _____ ofertas de las dos empresas. Primero, me llamaron de *AVD*, y los gerentes me pidieron que empezara lo antes posible. Al principio pensé que era una broma... Esta semana tuve las dos entrevistas. En *AVD* me 5) _____ un sueldo mínimo y un contrato por tres meses y en *Persa* me 6) _____ que me dan un trabajo permanente y un sueldo muy bueno. Al final, yo 7) _____ el trabajo en *Persa*. Lo primero que 8) _____: ¡llamar a mis padres para decirles que les puedo devolver el dinero que me prestaron!

3 **Antes de la entrevista** Contesta las preguntas que les hace una consejera laboral a ti y a un grupo de estudiantes para prepararlos para una entrevista. Usa el pretérito perfecto.

1. ¿Ustedes han buscado información sobre la empresa en Internet?

   _____

2. ¿Han escrito su currículum cuidadosamente? ¿Lo han corregido?

   _____

3. Y tú, ¿te has vestido correctamente para la entrevista?

   _____

4. Y Alicia, ¿ha dormido ocho horas? ¿Ha ido al gimnasio para estar relajada?

   _____

5. ¿Has practicado la entrevista con un amigo?

   _____

6. Y todos, ¿han leído los consejos que dan los entrevistadores?

   _____

4 **Cuestiones de dinero** Para cada una de estas situaciones financieras, elige la opción de la lista que mejor la explique. Luego escribe lo que ha pasado usando el pretérito perfecto.

> **modelo**
>
> Mi sueldo es bajísimo. Mi jefe me niega un aumento.
> (solicitar un puesto en otra empresa)
> *He solicitado un puesto en otra empresa.*

> a. invertir un millón de dólares en la bolsa de valores
> b. pedir un préstamo en el banco
> c. estar bajo muchísima presión para no despedir a nadie
> d. abrir una cuenta corriente con muy poco dinero
> e. perder la tarjeta de crédito
> f. gastar todos los ahorros

1. Necesito encontrar un puesto de trabajo. Ya no tengo dinero en el banco.

   _____

2. Queremos comprar una casa en las afueras de la ciudad.

   _____

3. Van al banco para pedir otra tarjeta de crédito.

   _____

4. Es la primera vez que tenemos empleo. No tenemos mucho dinero, pero queremos tenerlo en el banco.

   _____

5. En los últimos meses he tenido mucho éxito en los negocios, por eso quiero invertir a largo plazo.

   _____

6. Su empresa ha tenido problemas durante los últimos años por culpa de la crisis económica.

   _____

7.2 The present perfect subjunctive

1 **¿Una situación injusta?** Completa la conversación entre dos compañeros de trabajo con el pretérito perfecto del indicativo o del subjuntivo. Usa las opciones de la lista.

ha aprovechado	haya aprovechado
han despedido	hayan despedido
han dicho	hayan dicho
han escrito	hayan escrito
han hablado	hayan hablado
han hecho	hayan hecho
han sido	hayan sido

ANTONIO ¡Qué mala suerte! He oído que 1) _____ a tu amigo Luis.

LEOPOLDO No me sorprende que lo 2) _____. Él nunca cumplía con su horario de trabajo. Desafortunadamente, dudo que los gerentes de la empresa 3) _____ personalmente con él. Es seguro que se lo 4) _____ por carta. Y eso me parece mal.

ANTONIO No estoy seguro de que le 5) _____ una carta. Y yo también pienso que los gerentes 6) _____ injustos con él.

LEOPOLDO Entonces, no crees que los gerentes 7) _____ lo correcto, ¿no es cierto?

ANTONIO No estoy seguro. Sólo creo que todo pasó muy rápidamente. Luis es un hombre muy honesto y dudo que se 8) _____ de la empresa. Es verdad que a veces no seguía las reglas, pero siempre hizo muy bien su trabajo.

2 **¿Por qué?** Luis les escribe un correo electrónico a sus antiguos compañeros de trabajo. Completa el mensaje con la forma apropiada del pretérito perfecto del indicativo o del subjuntivo de los verbos entre paréntesis.

Quienes 1) _____ (trabajar) conmigo en los últimos años sabrán por qué escribo este correo. Espero que todos 2) _____ (sentir) el mismo enojo que yo sentí al conocer mi despido (*firing*). Lamentablemente, dudo que ustedes 3) _____ (enojarse) lo suficiente como para protestar. No es extraño que ustedes no 4) _____ (ponerse) tan furiosos como yo, y sé que algunos 5) _____ (alegrarse).

Me molesta mucho que la empresa 6) _____ (llegar) a esta decisión. Pero me molesta más que algunos amigos y compañeros 7) _____ (estar) de acuerdo con esta medida. Durante el tiempo que trabajé en la empresa, traté siempre de hacer el mejor trabajo. Sinceramente, no creo que la empresa 8) _____ (juzgar) mi trabajo imparcialmente. A pesar de lo desagradable que esta experiencia 9) _____ (ser), les deseo a todos buena suerte.

Luis

3 **En el sindicato** Completa los pedidos que hacen los miembros de un sindicato. Usa el presente del subjuntivo o el pretérito perfecto del subjuntivo de los verbos entre paréntesis.

1. Es increíble que el año pasado nuestra empresa _____ (decidir) bajar los sueldos.

2. Es necesario que _____ (existir) un control sobre los sueldos: pedimos que se _____ (prohibir) bajar los sueldos a los trabajadores sin que se les baje el sueldo a los gerentes también.

3. Esperamos que los gerentes ya _____ (revisar) su decisión.

4. Esperamos también que en la reunión que hubo esta mañana _____ (buscar) otras soluciones a la crisis.

5. Ojalá que en su última reunión los asesores _____ (pensar) más profundamente sobre esta situación y que _____ (decidir) renunciar a sus puestos.

6. Preferimos que de ahora en adelante se _____ (elegir) empleados que _____ (ser) responsables y que _____ (defender) los derechos básicos de los trabajadores.

4 **Una despedida** Isabel contradice todo lo que dice Luis. Completa la conversación con el pretérito perfecto del subjuntivo o del indicativo, según el contexto.

modelo

LUIS Creo que la empresa ha sido injusta conmigo.
ISABEL *No creo que la empresa haya sido injusta. Creo que ha sido una decisión necesaria.*

LUIS ¿Por qué? Dudo que la empresa haya hecho lo correcto.
ISABEL Al contrario. 1) _____.
Deberías ser más trabajador.

LUIS Pienso que tú has oído sólo una parte de la verdad.
ISABEL Te equivocas. 2) _____.
Insisto en que has exagerado los hechos.

LUIS No creo que esta historia haya terminado. Y, además, ¿qué ha ocurrido entre nosotros?
ISABEL ¿Entre nosotros? 3) _____.
Mejor dicho, creo que nuestra historia nunca ha existido.

LUIS Pienso que me has engañado siempre.
ISABEL 4) _____.
Creo que tú nunca has llegado a conocerme.

LUIS Es evidente que nunca me has querido.
ISABEL 5) _____.
Es que el trabajo es el trabajo.

LUIS No estoy seguro de que a nuestros amigos les haya gustado tu decisión.
ISABEL 6) _____.
De lo contrario, me lo dirían.

7.3 Uses of *se*

1 **Carteles extraños** Completa estos carteles que una nueva empleada encuentra en la oficina en su primer día de trabajo. Usa **se** y el verbo entre paréntesis.

1. (prohibir) almorzar frutas

_____

2. (necesitar) seis secretarios más para hacer fotocopias y café

_____

3. (pedir) que no trabajen mucho

_____

4. aquí no (hablar) en voz baja

_____

5. no (poder) beber café

_____

6. (permitir) perros y gatos en esta oficina

_____

2 **Un memorándum** El gerente de una empresa mandó este memorándum después de una reunión. Reescribe las oraciones usando el **se** pasivo con el primer verbo de cada una.

> **A:**   Todos los empleados
> **De:**   Arturo Gómez, Gerente
> **Fecha:**   02/11/15
>
> ### Memorándum
>
> En la reunión del pasado miércoles se habló de lo siguiente:
>
> 1. _____ Anuncié que el contador Miguel Pérez dejaba la empresa.
> 2. _____ El contador dijo que el presupuesto para el año que viene es muy bajo.
> 3. _____ Hicimos oficial que los sueldos no van a subir en los próximos meses.
> 4. _____ Pedí a todos los empleados que trabajaran los fines de semana.
> 5. _____ La directora de finanzas puso un anuncio para buscar un nuevo asesor económico.
> 6. _____ Despedimos a dos de los asesores económicos.
> 7. _____ Contraté a la ejecutiva Aurora Masó.
>
> Si tienen preguntas, no duden en ponerse en contacto conmigo.
>
> Arturo Gómez
> Gerente de *Empresas Vázquez*

3 **Una reunión desastrosa** Usa **se**, un objeto indirecto y los verbos entre paréntesis para saber qué pasó en una reunión en la que todo salió mal.

> **modelo**
>
> A mí _____ (perder) los informes semanales.
> A mí *se me perdieron* los informes semanales.

1. A los secretarios _____ (olvidar) las notas de la reunión anterior.
2. Al abogado _____ (perder) las tarjetas de crédito de la empresa.
3. A ustedes _____ (dañar) las computadoras.
4. A ti _____ (quedar) los documentos en casa.
5. A la gerente _____ (perder) la agenda y tuvo que cancelar la reunión para hablar de las novedades de la empresa.
6. A nosotros _____ (dañar) la calculadora.
7. A usted _____ (caer) el proyector al suelo y se dañó.
8. A la ejecutiva nueva _____ (acabar) la paciencia.

4 **¿Soluciones?** Unos empleados comentan sobre los problemas de la empresa y proponen soluciones. Escribe sus ideas usando las palabras proporcionadas y **se**.

> **modelo**
>
> Empleados: tener que contratar más empleados
> *Se tienen que contratar más empleados.*

1. Gerente: deber despedir más empleados

   _____

2. Miembro del sindicato: necesitar conseguir más aumentos de sueldo

   _____

3. Vendedor: tener que conseguir más clientes

   _____

4. Dueño de la compañía: invertir demasiado dinero en la bolsa de valores

   _____

5. Contador: gastar demasiado dinero en cosas sin importancia

   _____

6. Gerente de ventas: tener pocos vendedores

   _____

7. Asesor: tomar muchas vacaciones

   _____

8. Ejecutiva: tener que cambiar muchas cosas

   _____

5 **Consejos y recomendaciones** Completa las oraciones de manera original.

1. Para no enfermarse durante el semestre, se necesita _____.
2. Antes de empezar los estudios universitarios, se debe _____.
3. Con motivo de la visita del presidente, se pide _____.
4. Si planeas comprar un auto, se recomienda _____.
5. Para pasar más de tres meses en un país extranjero, se exige _____.

COMPOSICIÓN

▪ Paso 1

Lee el siguiente fragmento de un artículo sobre la desigualdad económica.

> En la mayoría de los países latinoamericanos hay leyes que defienden los derechos de las mujeres. Uno de esos derechos es el derecho a la igualdad de oportunidades para el trabajo. Sin embargo, en muchos casos, este derecho no se cumple. La pobreza y las políticas de los países, en muchos casos guiadas por los grandes grupos internacionales, no sólo perjudican a las mujeres, sino que afectan a toda la región, la cual sufre una baja (*decrease*) de los sueldos. Sin embargo, las mujeres son las más perjudicadas (*affected*), pues las grandes empresas les pagan mucho menos que a los hombres que tienen los mismos empleos.

Escribe tu opinión sobre las ideas que se presentan en el fragmento.

1. ¿Es justo que las mujeres cobren menos que los hombres por los mismos empleos? Explica.

   _____

   _____

2. ¿Cuál es la situación laboral de la mujer en tu cultura?

   _____

   _____

3. ¿Cómo crees que las grandes empresas influyen en las políticas de gobierno? ¿Cómo han influido en los últimos años? Da dos ejemplos.

   _____

   _____

▪ Paso 2

Ahora, elige uno de estos temas u otro que te interese más, y escribe una composición en una hoja aparte. Usa el pretérito perfecto del subjuntivo y del indicativo, y el pronombre **se**.

> La globalización / La lucha contra la pobreza / El papel de la mujer en tu país

- Primero, realiza una lluvia de ideas (*brainstorming*).
- Luego, organiza las ideas y prepara un borrador (*draft*).
- Termina la composición con tu opinión personal.
- Comprueba el uso correcto de la gramática.

_____

_____

_____

_____

_____

PARA EMPEZAR

Lección 8

1 **Definiciones** Empareja las palabras con sus definiciones.

1. _____ La patente
2. _____ Ético/a
3. _____ Extraterrestre
4. _____ El agujero negro
5. _____ El gen

a. que está de acuerdo con las reglas morales que regulan el comportamiento (*behavior*) y las relaciones humanas

b. partícula formada por ADN que se encuentra en el núcleo de las células y que determina la herencia

c. documento que se le da a alguien y en el que se le reconoce como autor de un invento

d. región de intensa gravedad de la que nada se escapa

e. que es de un planeta que no es la Tierra

2 **La ciencia** Relaciona las fotografías con las palabras de esta lista. Después, escribe una definición para cada palabra. Usa las definiciones de la actividad anterior como modelo.

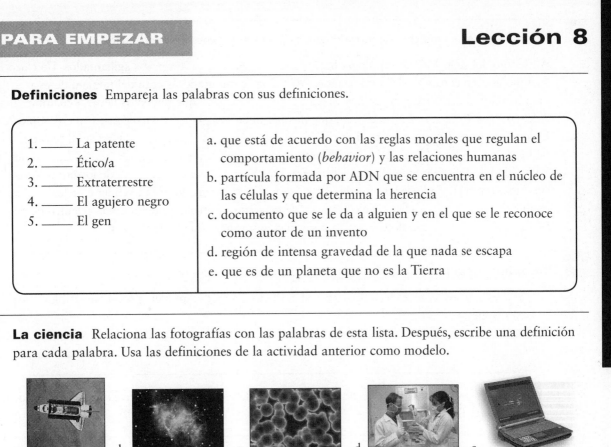

a.   b.   c.   d.   e.

_____ 1. La célula: _____

_____ 2. La informática: _____

_____ 3. Las estrellas: _____

_____ 4. La nave espacial: _____

_____ 5. La clonación: _____

3 **Titulares** Completa los titulares (*headers*) de la revista *Nuestra ciencia* con las palabras de la lista. Incluye los artículos que sean necesarios.

clonado	desafío	explorar	reproductor de DVD
computadoras portátiles	estrella fugaz	grabar	telescopio

1. _____ son cada vez más pequeñas y ligeras.
2. Todo está preparado para la instalación del mayor _____ de la Tierra. Con él, se podrán ver partes del espacio nunca vistas.
3. El primer animal _____ que sobrevivió es Dolly.
4. Para ver películas, vas a necesitar _____.
5. ¿Por qué la gente pide un deseo cuando ve _____?
6. Todavía queda mucho por _____ en la superficie de la Luna.

4   **Los avances** Completa este párrafo con las palabras y expresiones adecuadas.

A lo largo del siglo XX, la tecnología ha 1) _____ a pasos agigantados. Un claro ejemplo está en el campo de la informática. Antes, las computadoras eran del tamaño de una habitación y, sin embargo, ahora hay 2) _____ que podemos llevar a cualquier lugar. Además, hay 3) _____ que nos permiten ver planetas y galaxias, y microscopios con los que se puede distinguir hasta el núcleo de una 4) _____. Casi sin discusión, uno de los 5) _____ más importantes del siglo XX fue la 6) _____ de la relatividad de Einstein. Sin embargo, el invento más 7) _____ de los últimos años es, sin duda, Internet. En la red, se puede hacer negocios, investigar, comprar, vender e incluso enviar y recibir 8) _____ electrónicos de personas al otro lado del mundo. ¡Dentro de poco tu 9) _____ electrónica va a ser más importante que la de tu casa!

5   **Tu opinión cuenta** Contesta estas preguntas con oraciones completas.

1. ¿Crees que los avances tecnológicos y el cuidado del medio ambiente son compatibles? Justifica tu respuesta.

_____

_____

_____

2. Los avances genéticos han hecho que sea posible la clonación, pero, ¿crees que es ético clonar a personas? Explica.

_____

_____

_____

3. En tu opinión, ¿cuál ha sido el invento más importante de la historia? ¿Por qué?

_____

_____

_____

4. Hay muchas partes del universo que desconocemos. ¿Crees que podría haber vida en otros planetas? ¿Por qué?

_____

_____

_____

6   **La patente** Acabas de hacer un descubrimiento que va a revolucionar el mundo de la ciencia. Escribe un párrafo describiéndolo para convencer a la oficina de patentes que lo registre a tu nombre. Usa al menos seis de estas palabras.

avance	descubrimiento	herramienta	innovador(a)	novedad
curar	explorar	informática	invento	teoría

_____

_____

_____

_____

_____

IMAGINA

Lección 8

Perú

1 **¿Cuánto sabes?** Contesta las preguntas.

1. ¿En qué año fue fundada Lima?

   _____

2. ¿Cuál ha sido el corazón de la ciudad desde los años coloniales?

   _____

3. ¿Cuál es el estilo arquitectónico de los balcones de las casas coloniales?

   _____

4. ¿Qué culturas se mezclan en el estilo mudéjar?

   _____

5. ¿En qué distrito se encuentra el santuario del dios Pachacamac?

   _____

6. ¿Qué ocurrió en Lima en el año 1746?

   _____

7. ¿Cómo se llaman los trazos discernibles desde el aire que representan figuras animales, entre otras?

   _____

8. ¿Cuál era la ciudad más importante de los Andes durante el imperio incaico?

   _____

Flash Cultura

2 **¿Cierto o falso?** Después de ver el video, indica si lo que se dice en las oraciones es **cierto** o **falso**.

	Cierto	Falso
1. La primera línea del metro entró en funcionamiento el 1 de diciembre de 1918.	○	○
2. El sistema de metro de Buenos Aires cuenta con ochenta estaciones.	○	○
3. Un argentino inventó el semáforo acústico para ciegos.	○	○
4. La Plaza San Martín es una de las plazas más antiguas de Montevideo.	○	○
5. El primer trasplante de corazón se hizo en Argentina.	○	○
6. En Argentina ya no se consumen tantas empanadas como antes.	○	○

Galería de creadores

Lección 8

1 **Un poco de arte**

A. Completa los datos sobre la pintura.

Artista: _____

Profesión: _____

Origen: _____

Título de la pintura: _____

B. Describe y analiza el contenido de la pintura.

1. ¿Qué crees que representa?

_____

_____

_____

_____

2. ¿A qué movimiento artístico pertenece esta pintura? ¿Cómo lo sabes?

_____

_____

_____

_____

2 **Hispanos célebres** Contesta las preguntas.

1. ¿Quién es Mario Vargas Llosa?

_____

2. ¿Qué novela hizo famoso al escritor?

_____

3. ¿Qué premio recibió Vargas Llosa en 2010?

_____

4. ¿Quién está considerada como la embajadora artística de Latinoamérica?

_____

5. ¿Qué géneros interpreta Tania Libertad?

_____

6. ¿Cuál es la base de la música de los Hermanos Santa Cruz?

_____

ESTRUCTURAS

Lección 8

8.1 The past perfect

1   **Un proyecto exitoso** Completa las oraciones relacionadas con un curso de genética, usando el pluscuamperfecto.

1. El profesor les dijo a sus estudiantes que él _____ (guardar) los resultados de la investigación en la computadora.
2. Luego les preguntó qué _____ (descubrir) ellos sobre los genes durante el proyecto.
3. Todos dijeron que ellos _____ (terminar) el proyecto con mucho esfuerzo.
4. El profesor nunca _____ (ver) estudiantes tan preparados y dedicados.
5. Sus estudiantes nunca _____ (trabajar) tanto.
6. El profesor ya _____ (recibir) los resultados del último experimento antes de llegar a la clase.
7. Por fin, anunció que el experimento _____ (ser) un éxito.

2   **En el cine** Reescribe estas oraciones en las que Mercedes habla de una salida al cine. Usa el pluscuamperfecto.

> **modelo**
>
> Me arreglé para salir. Antes, estuve en pijama todo el día.
> *Ya había estado en pijama todo el día cuando me arreglé para salir.*

1. Tomé un taxi para ir al cine. Antes, me puse los lentes.
   _____

2. Mariana llegó a las nueve. Antes, reservó los boletos por Internet.
   _____

3. Entramos al cine. Antes, compramos las bebidas.
   _____

4. Nos sentamos. Antes, empezó la película de ciencia ficción.
   _____

5. Fuimos a tomar un café. Antes, llamé a mi amigo Juan para invitarlo.
   _____

6. Juan vino a tomar un café con nosotras. Antes, Juan comprobó que su experimento iba bien.
   _____

3   **¿Qué hiciste ayer?** Para cada uno de estos momentos de ayer, escribe dos oraciones: una contando algo que ya habías hecho y otra contando algo que todavía no habías hecho. Usa el pluscuamperfecto.

1. Antes del desayuno
   _____
   _____

2. Antes del almuerzo
   _____
   _____

3. Antes de acostarte
   _____
   _____

Workbook

4 **Falsas promesas** Andrés le cuenta a su esposa Mariana lo último que ha sucedido en su trabajo. Completa lo que dice usando el pluscuamperfecto de estos verbos.

comprobar	desaparecer
contribuir	descargar
dar	pedir
decir	ser

ANDRÉS   Ya te conté que Julio me 1) _____ que iba a poner mi nombre como coautor de la noticia publicada hoy en *Nuestra ciencia,* ¿verdad? Me pareció justo porque él me 2) _____ mucha ayuda durante todo el proyecto.

MARIANA   Sí, recuerdo. Pero, ¿qué pasó?

ANDRÉS   Pues, mira. Todos nuestros compañeros nos 3) _____ sus opiniones sobre la investigación y Julio y yo 4) _____ que todos los datos estuvieran correctos. Luego, él me dijo que yo 5) _____ mucho al éxito del proyecto, ¿no?

MARIANA   ¡Qué bien!, ¿no?

ANDRÉS   ¿Bien? ¡Ja! Hoy me di cuenta de que el artículo 6) _____ publicado y de que mi nombre 7) _____. ¡No apareció por ninguna parte!

5 **Antes y ahora**

A. Mariana está un poco preocupada por su matrimonio, pues el trabajo de Andrés se ha convertido en el centro de sus vidas. Completa el mensaje electrónico que ella le escribe a su amiga Mercedes, usando el pluscuamperfecto.

... De verdad, Mercedes, no sé qué hacer. Siempre me 1) _____ (decir) que me quería y ahora no me lo dice nunca. Además, siempre 2) _____ (hacer) él la reservación en algún restaurante elegante para celebrar nuestro aniversario. Ahora, las reservaciones las hago yo. No sé cómo explicártelo... Yo siempre 3) _____ (pensar) que yo era más importante que su trabajo, pero ahora pasa largas horas en la oficina. Sabes que nosotros 4) _____ (decidir) comprar una casa en las afueras, ¿no? Pues ahora no tiene tiempo ni de buscar casa. Y nosotros siempre 5) _____ (soñar) con jubilarnos jóvenes. Ahora no veo cómo va a ocurrir. ¿Qué me aconsejas? ¿Podemos vernos mañana para hablar? ¡Estoy desesperada!

B. Ahora cuenta tu experiencia en alguna relación (novio/a, amigo/a, hermanos, etc.) que habías pensado que iba a ser de una manera y que, con el paso del tiempo, resultó ser diferente. Usa el pluscuamperfecto para narrar la anécdota.

_____
_____
_____
_____
_____
_____
_____

8.2 The past perfect subjunctive

1 **Otro punto de vista** Los estudiantes de ciencias tienen que presentar sus mejores proyectos en una competencia que ha sufrido problemas. Completa con la forma verbal correcta lo que dicen varios estudiantes.

1. No creo que los estudiantes de ingeniería (hayan contribuido / hubieran contribuido) sólo con dos proyectos.

2. Me sorprendió que el profesor (haya borrado / hubiera borrado) todos los datos de sus estudiantes. ¡Qué mala suerte!

3. Era improbable que todos nuestros experimentos (hayan sido / hubieran sido) malos. Y sin embargo, así fue.

4. Tuve miedo de que los profesores se (hayan dado cuenta / hubieran dado cuenta) de que algunos entregamos los trabajos después de la fecha indicada.

5. No estoy seguro de que el profesor de matemáticas (haya comprobado / hubiera comprobado) todo lo que sus estudiantes hicieron para los experimentos.

6. Temo que el director (haya decidido / hubiera decidido) cancelar la competencia del próximo año.

7. Nunca imaginé que tú (hayas pensado / hubieras pensado) que la competencia fuera una estupidez.

8. Es poco probable que yo (haya quedado / hubiera quedado) mal. Ayudé un montón a los de mi equipo.

2 **Reproches** Completa los comentarios de los profesores sobre la competencia usando el pluscuamperfecto del subjuntivo.

1. Era imposible que el proyecto del equipo de biología _____ (estar) bien siendo Fernando responsable del grupo. Clara, si tú _____ (elegir) a otra persona, el proyecto habría sido todo un éxito.

2. Dudé que otro profesor asistente _____ (contribuir) más que Fernando.

3. Todos somos responsables, supongo. No pensé que nosotros _____ (poder) estar tan equivocados.

4. De todas formas, yo me alegré de que los estudiantes _____ (intentar) un experimento tan innovador.

5. No estuve seguro de que los estudiantes de química _____ (seguir) bien todas las instrucciones de la competencia.

6. Los textos de varios equipos tenían muchos errores. Ahora entiendo por qué al profesor García le molestó que los estudiantes no los _____ (corregir).

7. Cuando anunciaron a los ganadores, me dio mucha vergüenza ser el director del laboratorio. Desafortunadamente, la única solución que _____ (ser) posible —empezar de nuevo con los proyectos— no era una opción.

8. La verdad es que me enojó mucho que ustedes no _____ (preparar) mejor a los estudiantes.

3 **¿Extraterrestres?** Un(a) amigo/a te contó que estuvo hablando con un extraterrestre. Para describir tus impresiones sobre su historia, ordena las oraciones usando el pluscuamperfecto del subjuntivo.

> **modelo**
>
> (no avisarme): me molestó que / él / antes.
> *Me molestó que él no me hubiera avisado antes.*

1. (lograr): me sorprendió que / su / computadora / comunicarse con / espacio exterior

   _____

2. (no compartir): me ofendió que / él / su / teorías científicas / conmigo

   _____

3. (no guardar): lamenté que / mi / amigo / pruebas de / su / gran avance

   _____

4. (nunca creer): le enojó que / yo / previamente / en / extraterrestres

   _____

5. (realizar): me alegró que / él / descubrimiento / tan revolucionario

   _____

6. (vivir): ojalá / yo / experiencia igual

   _____

4 **Evaluación** Es casi fin de curso. Piensa en cómo te ha ido este semestre y completa las oraciones para hablar de tus impresiones y de algunos éxitos y fracasos. Usa el pluscuamperfecto del subjuntivo.

> **modelo**
>
> No esperaba que las clases de español...
> *No esperaba que las clases de español hubieran sido tan interesantes y que nosotros*
> *hubiéramos aprendido tanto.*

1. No esperaba que las clases... _____

   _____

2. Era bueno que yo... _____

   _____

3. Esperaba que mis amigos y yo... _____

   _____

4. Me alegré mucho de que... _____

   _____

5. Fue una lástima que... _____

   _____

6. Quería que mis padres... _____

   _____

8.3 Uses of the infinitive

1 **En el trabajo** Empareja las frases de las dos columnas para completar lo que le dice el director de un laboratorio a su ayudante.

_____ 1. Para que la computadora se conecte, necesitas

_____ 2. Para usar el corrector de texto, primero debes

_____ 3. Eres una gran investigadora, pero este trabajo suele

_____ 4. Debes guardar el documento antes de

_____ 5. Comprar por Internet es más práctico que

_____ 6. En cuanto al cáncer, no creo que puedan

_____ 7. Antes de decidirte por una carrera permanente, piensa si realmente quieres

_____ 8. Trata de conseguir la patente si quieres

a. seleccionar el idioma.

b. encontrar una cura tan pronto.

c. ser difícil para los investigadores sin experiencia.

d. apagar la computadora portátil.

e. ir a una tienda.

f. pasar el resto de tu vida en un laboratorio.

g. escribir la contraseña.

h. vender tu invento.

2 **El director y la ayudante** Completa esta conversación entre Leopoldo, el director del laboratorio, y un colega suyo. Decide si debes usar el infinitivo o el indicativo en cada caso.

ANTONIO ¿Cómo estás, Leopoldo? Tengo muchas ganas de 1) _____ (saber) cómo va todo.

LEOPOLDO No muy bien. No sé si podremos terminar de 2) _____ (preparar) todo a tiempo.

ANTONIO ¿Los gerentes no te 3) _____ (dar) dinero suficiente?

LEOPOLDO El problema lo 4) _____ (tener) con mi ayudante, Amelia.

ANTONIO Dicen que 5) _____ (ser) muy profesional.

LEOPOLDO Es muy buena en su especialidad y creo que puede llegar a 6) _____ (ser) muy importante para este proyecto, pero ella y yo no 7) _____ (tener) una buena comunicación.

ANTONIO ¿Te cae mal? ¿O no tienes ganas de 8) _____ (ayudarla)?

LEOPOLDO La 9) _____ (ayudar) en todo. Le 10) _____ (dar) consejos. Trato de 11) _____ (mantener) con ella una buena relación, pero le 12) _____ (molestar) todo lo que digo.

ANTONIO ¿Por qué no la invitas a 13) _____ (almorzar) y a 14) _____ (conversar) sobre el problema? Quizás puedan 15) _____ (encontrar) una solución.

LEOPOLDO 16) _____ (Hablar) con ella es una buena idea. Esta tarde la 17) _____ (llamar).

3 **Aclarando las cosas** Según Amelia, su jefe Leopoldo es muy mandón (*bossy*). Lee las quejas de Amelia y escribe lo que él le contesta para defenderse. Usa los verbos **obligar, hacer, mandar, prohibir** o **exigir**, según se indica entre paréntesis.

> **modelo**
>
> Según Amelia, Leopoldo le dice:
> «Guarda todos los datos en la computadora.»
> Él se defiende contestando:
> (obligar) «*Yo no te obligo a guardar todos los datos en la computadora.*»

Según Amelia, Leopoldo le dice:

1. "Llega temprano."
2. "Haz los experimentos con cuidado."
3. "Ten prisa para terminar."
4. "Utiliza Internet lo menos posible en horas de trabajo."
5. "Comprueba que todo esté limpio antes de salir."
6. "Usa la computadora de la izquierda."
7. "Come antes de venir al laboratorio."

Él se defiende contestando:

1. (obligar) "_____"
2. (mandar) "_____"
3. (exigir) "_____"
4. (hacer) "_____"
5. (obligar) "_____"
6. (prohibir) "_____"
7. (hacer) "_____"

4 **Un astronauta** Un famoso astronauta cuenta el desagradable encuentro que tuvo con un reportero. Une las dos oraciones usando la expresión entre paréntesis.

> **modelo**
>
> Terminé la conferencia. Me dijeron que un reportero me esperaba en la puerta de mi hotel.
> (**al** + infinitivo)
> *Al terminar la conferencia, me dijeron que un reportero me esperaba en la puerta de mi hotel.*

1. Llegué a la puerta de mi hotel. El reportero me preguntó si yo tenía un romance con una famosa cantante. (**al** + infinitivo)

   _____

2. Lo miré con odio. No consideré las consecuencias. (**sin** + infinitivo)

   _____

3. No le importó mi enojo. Dijo: "Entonces es verdad. Usted tiene un romance con ella." (**sin** + infinitivo)

   _____

4. No me dejó protestar. Dijo: "Muchas gracias por su tiempo, señor Gantes." (**al** + infinitivo)

   _____

5. Le dije: "No te atrevas a..." Él salió corriendo. (**al** + infinitivo)

   _____

6. Ahora lo sé: Trata mal a un reportero. Serás noticia. (**para** + infinitivo)

   _____

COMPOSICIÓN

▪ Paso 1

Lee este artículo sobre la prueba espacial *Pioneer 10* y, después, contesta las preguntas.

La prueba espacial *Pioneer 10* es una nave lanzada desde Cabo Cañaveral en 1972. Uno de los objetivos de esta nave era conocer si hay vida inteligente en otros mundos. Una de las principales partes del *Pioneer* es su importantísima placa (*plaque*) diseñada por Carl Sagan. Esta placa explica la situación de la Tierra y la fecha en que la nave fue construida. Pero lo más importante de la placa es la información que contiene sobre los seres humanos. La idea es que si la nave es encontrada por una civilización extraterrestre, ésta podrá saber algo sobre los humanos.

Desde que comenzaron a diseñar la placa, Carl Sagan y otros se preguntaban: "¿Qué deben saber los extraterrestres sobre los seres humanos?" Después de muchos debates, los científicos decidieron que debía haber un dibujo de un hombre y una mujer, saludos de seres humanos en muchos idiomas y música de diferentes épocas y lugares. No fue fácil decidir. Carl Sagan dijo alguna vez que quizás los seres humanos no podríamos conocer los resultados de esta misión, pero que eso no era lo importante. No sería en vano haber hecho esa placa. La tarea de decidir lo que nos representaba como seres humanos había sido muy importante en sí misma.

1. ¿Crees que hay vida extraterrestre?

   _____

2. ¿Piensas que fue una buena idea invertir tiempo y dinero en la placa? ¿Por qué?

   _____

3. ¿Qué habrías puesto tú además del dibujo de un hombre y una mujer, los saludos y la música?

   _____

▪ Paso 2

Escribe una composición sobre la ciencia y la tecnología. Elige uno de estos temas y usa el infinitivo y el pluscuamperfecto del subjuntivo.

> la exploración del espacio
> las ventajas y desventajas de la Internet
> la controversia sobre la tecnología y la ética

- Elige un tema. Piensa por qué te interesa y realiza una lluvia de ideas (*brainstorming*).
- Organiza las ideas y prepara un borrador (*draft*).
- Termina la composición con una oración que resuma tu opinión.
- Comprueba el uso correcto del pluscuamperfecto del subjuntivo y del infinitivo.

_____

_____

_____

_____

_____

1 **El primer día de viaje** Completa las oraciones para decir lo que estos pasajeros hicieron durante el primer día de su viaje en un crucero (*cruise ship*). Usa el pretérito de los verbos de la lista.

| apostar | bailar | brindar | estrenar | ganar | jugar | perder | silbar |

1. Jimena Zazueta _____ en el teatro.

2. Julio Ortega _____ a las cartas.

3. Eva y Ana _____ por su reciente graduación.

4. Desafortunadamente, Graciela Contreras _____ una carrera.

5. Ignacio Soberón _____ todo su dinero y _____ el doble.

2 **El partido** Completa esta conversación con las palabras de la lista. Haz todos los cambios necesarios.

aficionado/a	empatar	marcar
anfitrión/ona	equipo	perder
apostar	ganar	valer la pena

PAULA Hola, Julián. ¿Cómo estás? ¿Viste el partido de ayer? Ya sé que eres un gran
1) _____ al fútbol.

JULIÁN ¡Claro que lo vi! Jugaba mi 2) _____ favorito: El Chivas USA.
Además yo había 3) _____ cinco pesos a que el Chivas iba a
4) _____ el partido.

PAULA Yo no pude ver el partido porque salí con mis amigas al cine. ¿Cuál fue el resultado?

JULIÁN ¡En la primera parte el Chivas 5) _____ un gol, pero justo antes del final
del partido el otro equipo 6) _____. El resultado final fue de 1-1.

PAULA ¡Qué pena! Entonces perdiste tus cinco pesos, ¿no? Julián, por mucho que te guste tu
equipo, no 7) _____ apostar.

3 **El crucero** Muchas personas viajan en cruceros porque ofrecen infinitas actividades. Para cada categoría, escribe por lo menos tres actividades que se pueden hacer en un crucero.

1. ejercicio físico _____

2. actividades culturales _____

3. juegos _____

4. música _____

5. actividades sociales _____

4 **El fin de semana** Completa el párrafo con palabras y expresiones adecuadas del vocabulario de esta lección.

El próximo fin de semana, mis amigos y yo vamos a irnos de vacaciones. ¡Vamos a
1) _____ el final del semestre! El problema es que nos gusta hacer cosas distintas
para divertirnos en nuestros 2) _____. Por ejemplo, a mi amigo David le encanta la
montaña y va a hacer 3) _____ o a esquiar siempre que puede. Para mi amiga María,
no hay nada mejor que 4) _____ a un buen restaurante y después ir a un
5) _____ de su conjunto favorito. Por desgracia, a mí los 6) _____ me
parecen muy peligrosos y no me gusta 7) _____ frente a la taquilla (*ticket window*)
para conseguir 8) _____. Esta tarde vamos todos a 9) _____ en un
café para decidir lo que vamos a hacer. ¡Espero que sea algo que valga 10) _____!

5 **Tu opinión cuenta** Contesta estas preguntas con oraciones completas.

1. Para tus vacaciones, ¿prefieres ir a la playa o a la montaña? ¿Por qué?

_____

_____

2. Si pudieras elegir entre ir a un concierto, al cine o al teatro, ¿cuál escogerías? ¿Por qué?

_____

_____

3. Se dice que practicar deportes de equipo ayuda a formar la personalidad. ¿Estás de acuerdo con esa afirmación? Razona tu respuesta.

_____

_____

4. En una fiesta, ¿cuáles son las características de un(a) buen(a) anfitrión/ona?

_____

_____

6 **¿Y tú?** Ahora, escribe un breve párrafo para describir tus vacaciones ideales.

_____

_____

_____

_____

_____

IMAGINA

Lección 9

Argentina y Uruguay

1 **¿Cuánto sabes?** Contesta las preguntas.

1. ¿Dónde se encuentran las Cataratas del Iguazú?

   _____

2. ¿Cómo se llama la ciudad uruguaya declarada Patrimonio de la Humanidad por la UNESCO?

   _____

3. ¿Qué se puede hacer en la Patagonia?

   _____

4. Menciona un fenómeno típico del Carnaval en Uruguay.

   _____

5. ¿Qué atractivos tiene la feria de San Telmo?

   _____

6. ¿Qué es Puerto Madero?

   _____

7. ¿Cuántos días dura el Carnaval en Montevideo?

   _____

8. ¿Por qué razón es famosa Punta del Este?

   _____

Flash Cultura

2 **Seleccionar** Después de ver el video, completa las oraciones con la opción correcta.

1. El Café Tortoni fue el favorito del famoso _____ Jorge Luis Borges.
   a. cantante   b. compositor   c. escritor
2. En el Café Tortoni había un grupo de artistas que formaba la llamada _____.
   a. Agrupación del Tango   b. Peña del Tortoni   c. Sociedad de los Cafés
3. Uno de los clientes del Tortoni era el cantante de Tango _____.
   a. Telmo Dorrego   b. Carlos Gardel   c. Eusebio Sosa
4. El tango es _____ que apasiona a los argentinos.
   a. un tipo de cocina   b. café   c. baile
5. El tango es de origen _____ y el bandoneón es de origen _____.
   a. africano/alemán   b. alemán/africano   c. italiano/argentino
6. Los principales compositores de tango eran _____ italianos y españoles.
   a. gauchos   b. visitantes   c. inmigrantes
7. El mate es _____ como el té y el café.
   a. una infusión   b. un alimento   c. agua tónica
8. Argentina es uno de los principales exportadores de _____.
   a. carne   b. mate   c. café

Galería de creadores

Lección 9

1

Arte

A. Completa la información sobre este artista de la galería.

Artista: _____

Profesión: _____

Origen: _____

Apodo: _____

B. ¿Qué crees que quiere expresar este tipo de música y baile? ¿Te gustaría aprenderlo? ¿Por qué?

_____

_____

_____

_____

_____

_____

2

Hispanos célebres Contesta estas preguntas.

1. ¿Quién es Cristina Peri Rossi?

_____

2. ¿A qué género musical se dedicó Julio Sosa?

_____

3. ¿Qué provocó su muerte?

_____

4. ¿Cuál fue la pasión de Jorge Luis Borges?

_____

5. ¿Cuántos años tenía Julio Bocca cuando ganó la medalla de oro en Moscú?

_____

6. ¿A qué se dedica actualmente Julio Bocca?

_____

ESTRUCTURAS

Lección 9

9.1 The future perfect

1 **¿Qué habrán hecho?** Antonio espera la llegada de su novia Elena, quien pasó un mes de vacaciones en Punta del Este. Completa lo que cada uno imagina que habrá hecho la otra persona, usando el futuro perfecto.

Antonio piensa...

Estoy seguro de que ellas se lo 1) _____ (pasar) muy bien. Creo que 2) _____ (quedarse) en el club deportivo que les recomendaron. Allí, había un casino y seguro que ellas 3) _____ (entretenerse) apostando en las mesas de juego. ¡Qué envidia! Y yo aquí trabajando las veinticuatro horas del día. ¿4) _____ (ver) Elena a su familia? No sé si ella 5) _____ (tener) tiempo de visitarla. Seguro que al final ellas 6) _____ (decidir) quedarse en la costa. 7) _____ (salir) a comer todas las noches. Espero que no venga demasiado cansada para la fiesta sorpresa que le he preparado.

Elena piensa...

¿8) _____ (venir) Antonio a esperarme? No sé si él 9) _____ (llamar) a mis padres. ¿Qué 10) _____ (hacer) él durante este mes? Seguro que 11) _____ (reunirse) con sus amigos todos los días y que 12) _____ (gastarse) todo el dinero en discos compactos. Es que no lo puedo dejar solo. De todas formas, las vacaciones han sido tan buenas que habrá valido la pena.

2 **Obra de teatro** Los estudiantes de teatro están preparando una obra. Completa la conversación con el futuro perfecto de los verbos de la lista.

aprender	ensayar	salir
decir	guardar	terminar

CARMEN La semana que viene se estrena la obra de teatro. ¡Estoy muy nerviosa porque no sé si para ese día 1) _____ de estudiar mi papel!

PROFESOR Y ustedes, ¿2) _____ bien sus papeles para entonces?

CRISTINA Sí, profesor, los tendremos totalmente aprendidos. ¿Por casualidad, 3) _____ usted los boletos para nuestras familias?

PROFESOR Uy, se me olvidó. No guardé nada, pero no se preocupen que todo está arreglado.

NICOLÁS Marcela ya avisó que no podrá presentar la obra.

CARMEN ¿Y qué le 4) _____ los demás? ¿Se enojaron con ella?

NICOLÁS No hay problema; ahora el presentador de la obra es Gustavo.

CARMEN ¿5) _____ bien lo que va a decir?

NICOLÁS ¡Más le vale! Y dentro de una semana nosotros ya 6) _____ a festejar el éxito de la obra de teatro.

3 **Fiesta** Antonio sigue esperando a Elena y ha empezado a ponerse nervioso. Imagina que eres su amigo/a y que lo quieres tranquilizar. Contesta sus preguntas usando el futuro perfecto.

1. ¿Habrán recibido sus amigas el mensaje sobre la fiesta sorpresa para Elena?

_____

2. ¿Dónde habrá puesto Jorge el CD de Beyoncé?

_____

3. ¿Dónde habré dejado los vasos de plástico?

_____

4. ¿Se habrá dado cuenta de la sorpresa?

_____

5. ¿Habrán llegado ellas a tiempo al avión?

_____

6. ¿Habrá invitado René al aguafiestas de Pepe?

_____

7. ¿Habré hecho bien en organizar la fiesta el mismo día que llega?

_____

8. ¿Habrá dormido en el avión?

_____

4 **2046** Imagina que estás en el año 2046. ¿Qué habrá sido de tu vida? ¿Qué habrás hecho? Escribe lo que habrás hecho para entonces usando el futuro perfecto de los verbos de la lista.

aprender	poder
celebrar	ser
conocer	tener
estar	ver
ganar	vivir

Para el año 2046, _____

_____

_____

_____

_____

_____

_____

_____

_____

_____

_____

9.2 The conditional perfect

1 **Yo habría...** Vuelve a escribir las oraciones usando el condicional perfecto.

1. Yo <u>querría</u> salir a comer.
   Yo habría querido salir a comer.
   _____

2. Nosotros <u>saldríamos</u> a tomar algo después del trabajo.
   _____

3. Joaquín <u>preferiría</u> ir a un parque de atracciones.
   _____

4. Ustedes <u>se entretendrían</u> viendo una obra de teatro.
   _____

5. Tú <u>jugarías</u> a las cartas.
   _____

6. A ustedes <u>les gustaría</u> quedarse en casa.
   _____

7. Yo <u>me reuniría</u> con mis amigos.
   _____

8. Joel y Sebastián <u>se divertirían</u> practicando algún deporte.
   _____

2 **¡A emparejar!** Completa las oraciones de la segunda columna con la forma apropiada del condicional perfecto y luego empareja las oraciones de las dos columnas de forma lógica.

_____ 1. Carmen se enojó porque su equipo perdió el partido.

_____ 2. Miguel no pudo escuchar a los críticos decir que él era el mejor músico del concierto.

_____ 3. En la fiesta, la anfitriona puso una música muy aburrida.

_____ 4. El videojuego era muy violento.

_____ 5. El atleta no estuvo satisfecho con el resultado de la competición.

_____ 6. Por fin se estrenó la película.

_____ 7. En la puerta del teatro, un cartel anunciaba que las entradas estaban agotadas.

a. El director se preguntaba si le
   _____ (gustar)
   al público.

b. Yo las _____ (comprar)
   antes si hubiera sabido que iba a ir tanta gente.

c. En su lugar yo también
   _____ (enojarse).

d. Yo _____ (poner)
   música de baile.

e. Miguel _____ (saltar)
   de alegría si los hubiera escuchado.

f. Era el único que _____
   (decir) que los jueces eran injustos.

g. De saberlo, Bárbara no lo
   _____ (comprar)
   para su sobrino.

Workbook

3 **Ponerse en el lugar** Contesta las preguntas haciendo especulaciones sobre cada una de estas situaciones. Usa el futuro perfecto o el condicional perfecto en tus respuestas.

1. ¿Qué le habrá pasado a este escritor?

_____

_____

_____

2. ¿Cómo te habrías sentido tú en esa situación?

_____

_____

_____

3. ¿Qué habrá sentido el pintor?

_____

_____

_____

4. ¿Qué habría pensado el otro hombre?

_____

_____

_____

5. ¿Qué le habrá dolido a la bailarina?

_____

_____

6. ¿Qué habrán hecho sus compañeras?

_____

_____

7. ¿Qué habrían hecho las bailarinas con su compañera lastimada?

_____

_____

_____

4 **Una situación** Elige una de las situaciones de la **actividad 3** e imagina que tú eres una de esas personas. ¿Qué habrías hecho en su lugar? Contesta escribiendo un breve párrafo.

_____

_____

_____

_____

_____

_____

_____

_____

_____

_____

_____

_____

_____

_____

_____

9.3 *Si* clauses

1 **La vida de actriz** Dos amigas conversan sobre la vida de Ana Colmenar, una actriz famosa. Una de ellas considera que su vida habría podido ser muy diferente. La otra no está de acuerdo. Completa la conversación con el pluscuamperfecto del subjuntivo y el condicional perfecto, según el contexto.

MATILDE Si Ana no 1) _____ (casarse) tan joven,

2) _____ (comenzar) a actuar mucho antes.

ANDREA Te equivocas. Ella 3) _____ (comenzar) a actuar antes

si sus padres 4) _____ (descubrir) que podía ser buena

actriz de teatro.

MATILDE Pues, si sus profesores lo 5) _____ (querer), ella

6) _____ (ser) una estrella a los quince años.

ANDREA Lo dudo. Ana nunca 7) _____ (tener) éxito si ellos le

8) _____ (permitir) empezar tan joven. Actuar en el teatro

requiere mucha experiencia y madurez.

MATILDE Si tú 9) _____ (estar) en su lugar, tú nunca

10) _____ (conseguir) tanto éxito.

ANDREA ¡Pues claro! Si yo 11) _____ (estudiar) teatro, yo

12) _____ (morirse) de hambre. ¡Soy una actriz pésima!

MATILDE Ah, la vida es tan injusta a veces. Si yo 13) _____ (poder)

ir a aquella audición donde la descubrieron, yo 14) _____ (vivir)

como una reina el resto de mi vida...

2 **Preocupaciones** Escribe las preguntas que Matilde le hace a su compañera de cuarto, quien se fue de vacaciones al campo sin avisar. Sigue el modelo.

> **modelo**
> qué / hacer / perderse / bosque
> *¿Qué habrías hecho si te hubieras perdido en el bosque?*

1. adónde / ir / casa / estar / mal estado

_____

2. qué / hacer / quedarse / sin electricidad

_____

3. dónde / cocinar / cocina / ser / demasiado pequeña

_____

4. adónde / ir / haber / tormentas fuertes

_____

5. a quién / pedirle / ayuda / lastimarse

_____

6. qué / hacer / atacarte / animal salvaje

_____

7. qué / decir / yo / te / acompañar

_____

3 **Las respuestas** Revisa la **actividad 2** y completa las respuestas que le dio su compañera de cuarto a Matilde.

1. Si me hubiera perdido en el bosque, _____.
2. Si la casa hubiera estado en mal estado, _____.
3. Si me hubiera quedado sin electricidad, _____.
4. Si la cocina hubiera sido demasiado pequeña, _____.
5. Si hubiera habido tormentas fuertes, _____.
6. Si me hubiera lastimado, _____.
7. Si me hubiera atacado un animal salvaje, _____.
8. Si me hubieras acompañado, _____.

4 **¿Qué harías?** Todos pensamos a veces en improbabilidades. Contesta las preguntas explicando lo que harías tú en estas situaciones hipotéticas.

> **modelo**
> Si fueras alpinista, ¿qué montaña escalarías?
> *Si fuera alpinista, escalaría el Cerro Aconcagua porque es legendario.*

1. ¿Qué harías si no existieran los fines de semana?
2. Si pudieras elegir, ¿serías músico/a o atleta?
3. Si existiera un superhéroe que ayudara al mundo, ¿a qué superhéroe famoso elegirías?
4. ¿Qué harías si te enteraras de que tus amigos piensan que eres un(a) aguafiestas?
5. Si pudieras pasar un día completo con una persona famosa, ¿con quién te gustaría pasarlo?
6. Si pudieras hacer una nueva ley para proteger a un animal, ¿a qué animal protegerías?
7. ¿A qué lugar irías de vacaciones si pudieras elegirlo tú?
8. ¿Qué grupo musical prohibirías si pudieras?

5 **Imagina** Escribe qué harías si fueras una de estas personas.

1. ser profesor(a) universitario/a del hijo de una megaestrella de rock
2. ser cantante de tango
3. ser un(a) concursante de un programa de telerrealidad (*reality show*)
4. ser un(a) inventor(a)
5. ser un(a) político/a importante

COMPOSICIÓN

▪ Paso 1

Contesta las preguntas.

1. ¿Cuáles son tus lugares preferidos para ir de vacaciones? ¿Por qué? ¿Qué actividades se pueden hacer?

   _____

   _____

2. ¿Cuál es tu pasatiempo favorito? ¿Por qué?

   _____

   _____

3. ¿Qué pasatiempo o diversión prohibirías? ¿Por qué?

   _____

   _____

▪ Paso 2

Escribe una composición sobre cómo es tu fin de semana perfecto. Imagina que todo es posible: ni el dinero ni la realidad son un problema. Usa oraciones condicionales con **si**.

- Sigue como guía estas preguntas para pensar en ideas: ¿Dónde pasarías el fin de semana? ¿Estarías solo/a? ¿Viajarías a algún sitio exótico? ¿Qué actividades harías? ¿Qué y dónde comerías? ¿Por qué?
- Luego, organiza las ideas de forma lógica y prepara un borrador (*draft*).
- Escribe una conclusión.
- Comprueba el uso correcto de los verbos.

_____

_____

_____

_____

_____

_____

_____

_____

_____

_____

_____

_____

Workbook

PARA EMPEZAR

Lección 10

1 **La intrusa** Selecciona la palabra o expresión que no pertenece al grupo.

1. hacer un esfuerzo	superarse	rechazar
2. inestabilidad	entendimiento	incertidumbre
3. daño	maltrato	meta
4. pertenecer	predecir	anticipar
5. luchar	atraer	protestar
6. asimilarse	adaptarse	disminuir

2 **Una sociedad global** Escoge la opción correcta para completar el párrafo. Haz todos los cambios necesarios.

Nuestro planeta es cada vez más una sociedad global en la que el contacto entre países y culturas 1) _____ (aumentar / prescindir) cada día. Tanto es así que, en el siglo XX, se creó el esperanto, una lengua artificial que se pensaba implantar como 2) _____ (herencia cultural / idioma oficial) en todos los países. Durante los últimos años, además, el fenómeno migratorio ha sido una constante en la 3) _____ (causa / población) mundial. La 4) _____ (inestabilidad / asimilación) política y económica en algunas zonas del mundo ha forzado a sus habitantes a 5) _____ (rechazar / emigrar) a otros países para mejorar su 6) _____ (meta / nivel de vida) o simplemente para escapar de situaciones difíciles. Una vez que cruzan la 7) _____ (frontera / incertidumbre) de otro país, esas personas tienen que hacer un gran esfuerzo para 8) _____ (integrarse / anticipar), ya que se enfrentan a una lengua y una cultura que no son las suyas. Aunque en algunos casos los inmigrantes 9) _____ (atraer / extrañar) mucho sus países de origen, la mayor parte 10) _____ (adaptarse / protestar) con facilidad y ¡se alegran de que sus hijos puedan ser bilingües!

3 **Una nueva cultura** Francisco se fue a vivir a otro país y habla con una amiga sobre sus experiencias. Completa su conversación con las palabras de la lista. Haz los cambios que sean necesarios.

despedirse	hacer un esfuerzo	meta
establecerse	lograr	predecir
extrañar	maltrato	solo

FRANCISCO Hace tiempo que no veo a mis padres y últimamente pienso mucho en ellos. Los 1) _____ mucho. Voy a intentar visitarlos el mes que viene, si 2) _____ que mi jefe me dé vacaciones.

LUISA Sí, entiendo perfectamente cómo te sientes. Verás que pronto vas a estar mejor aquí. Hace poco que has llegado. Cuando 3) _____, todo será más fácil.

FRANCISCO Sí, lo sé. Pero necesito ver a mi familia… Cada vez que 4) _____ de ellos lo paso muy mal. Además, aquí todavía no tengo muchos amigos.

LUISA Necesitas tener un poco de paciencia. Pronto vas a conocer a mucha gente y ya no te sentirás 5) _____.

FRANCISCO Todo el mundo me lo dice. Mis padres son los primeros que entienden que tengo que 6) _____ para poder alcanzar mis 7) _____.

LUISA Puedo 8) _____ que lo vas a conseguir.

Lección 10 Workbook **109**

4 **¿Qué significa?** Define cada palabra y escribe una idea que relaciones con ella.

> **modelo**
>
> diálogo: *Es una conversación entre dos o más personas.*
> *La gente decide hablar de los problemas en vez de pelear.*

1. emigrante: _____

_____

2. añoranza: _____

3. superpoblación: _____

_____

4. coraje: _____

_____

5 **Tu opinión cuenta** Contesta estas preguntas con oraciones completas.

1. ¿Crees que los inmigrantes en Estados Unidos pueden tener problemas para integrarse? ¿Por qué?

_____

_____

2. ¿Cuáles son las causas y los efectos más significativos de la superpoblación? Explica con detalle.

_____

_____

3. En tu opinión, ser una persona inconformista, ¿es un problema o una ventaja? ¿Por qué?

_____

_____

4. ¿Crees que el contacto entre culturas afecta a tu herencia cultural de manera positiva o negativa? ¿Por qué?

_____

_____

6 **Un programa de intercambio** Imagina que tu universidad no tiene programas de intercambio y quieres crear uno con un país hispanohablante. Escribe un párrafo para describir las ventajas que tendría este tipo de programa para los estudiantes. Usa al menos seis palabras de la lista.

adaptarse	despedirse	diversidad	explorar	lengua materna
bilingüe	diálogo	entendimiento	integración	polémica

_____

_____

_____

_____

_____

IMAGINA

España

1 **¿Cuánto sabes?** Contesta las preguntas.

1. ¿Qué característica convirtió a España en un territorio atractivo para otras civilizaciones?

_____

2. ¿En qué mares u océanos tiene costas la península Ibérica?

_____

3. Nombra tres grupos que llegaron a España en un momento u otro de la historia.

_____

4. Aproximadamente, ¿cuántos turistas visitan España cada año? _____

5. ¿Qué tipo de país encontró Hemingway en España?

_____

6. En España, ¿cómo se le llama a la computadora? _____

7. ¿De qué origen son las palabras: aceite, ajedrez, alcalde, limón y naranja?

_____

8. ¿De qué año a qué año vivió Antoni Gaudí? _____

9. ¿En qué ciudad están las cuevas de Sacromonte? _____

10. ¿Cuántas obras hay aproximadamente en el Museo del Prado? _____

Flash Cultura

2 **Seleccionar** Después de ver el video, completa las oraciones con la opción correcta.

1. Machu Picchu es uno de los principales _____ de la arqueología del mundo.

   a. inventos   b. tesoros   c. lagos

2. El explorador estadounidense Hiram Bingham dio a conocer al mundo las ruinas de Machu Picchu en _____.

   a. 1523   b. 1911   c. 1913

3. Machu Picchu es uno de los símbolos de la civilización _____.

   a. inca   b. aymara   c. azteca

4. En quechua, *Machu Picchu* quiere decir _____.

   a. el elegido   b. árbol milenario   c. montaña vieja

5. La ciudad de Machu Picchu está dividida en un sector de cultivo, un sector urbano y un sector _____.

   a. educativo   b. religioso   c. cultural

6. Las terrazas servían para el cultivo y para evitar _____.

   a. el calor   b. el frío   c. la erosión

7. Se desconoce por qué Machu Picchu fue _____.

   a. abandonada   b. destruida   c. conquistada

Workbook

Galería de creadores

Workbook

1 **Un poco de arquitectura** Completa la información sobre estas obras arquitectónicas.

Arquitecto: _____

Nombre de las obras: _____

_____

_____

Origen: _____

Ubicación de las obras: _____

_____

_____

2 **Preguntas** Contesta las preguntas.

1. ¿Dónde nació Isabel Coixet?

_____

2. ¿En qué idioma le gusta escribir sus guiones?

_____

3. ¿Cómo se titula la película que estrenó en 2008?

_____

4. ¿Cuál es la profesión de Ferran Adrià?

_____

5. ¿Cómo se llama su restaurante?

_____

6. ¿De cuántos platos consta el menú de El Bulli?

_____

7. ¿Quién es Ana María Matute?

_____

8. ¿Con qué colección ganó Ana María Matute el Premio Nacional de Literatura?

_____

Lección 10

10.1 The passive voice

1 **Noticias políticas** Empareja las frases de las dos columnas para formar titulares de noticias relacionadas con la política.

_____ 1. El diálogo entre los dos presidentes	a. será entrevistado en el noticiero de Telemundo.
_____ 2. Fue aprobada	b. fue previsto para el próximo jueves.
_____ 3. Ayer fue realizada	c. la ley que establece que el español y el inglés serán los idiomas oficiales del país.
_____ 4. El líder político Alfredo Gutiérrez	d. una marcha en contra de la inmigración ilegal.
_____ 5. Las metas económicas del gobierno	e. será analizada en la conferencia del martes.
_____ 6. La causa del crecimiento de la emigración	f. serán alcanzadas a finales de año.
	g. fueron aumentados en sesión extraordinaria.

2 **Los candidatos**

A. Lee estos párrafos sobre dos candidatos y complétalos con el participio de los verbos entre paréntesis.

Emilio Sánchez fue senador del Partido de la Justicia. Comenzó su vida política a los 21 años, cuando fue 1) _____ (elegir) presidente del centro de estudiantes latinos de su universidad. Ha sido miembro de la Asociación de Lucha Popular por 23 años. Muchos actos de discriminación fueron 2) _____ (realizar) por los miembros más importantes del grupo; por eso, decidió alejarse y formar parte de un nuevo partido político: Alianza para la Liberación. Es 3) _____ (querer) por todos por su coraje. Él cree que la justicia y la libertad deben ser 4) _____ (defender) siempre.

María Bustamante tiene 35 años y, por eso, muchos creen que no puede ser candidata a representante de la Asociación Frente Izquierda. Reconoce que la juventud es 5) _____ (considerar) una desventaja por algunos. Además, María sabe que hay gente que piensa que las mujeres son 6) _____ (dominar) más fácilmente. Pero ella dice que no es cierto. Aunque es joven, María ha luchado por los derechos de las minorías y fue 7) _____ (premiar) por muchas organizaciones internacionales.

B. Ahora, completa con la voz pasiva este párrafo sobre un tercer candidato.

Marcelo Rivera es médico. A los 25 años 8) _____ (arrestar) por participar en un grupo de defensa de los derechos de estudiantes. Según Rivera, la democracia y los derechos nunca 9) _____ (respetar) en este país. Cuando 10) _____ (poner) en libertad, Marcelo fue líder de un grupo latino para la defensa y preservación de la herencia cultural. Luego se dedicó a la política, pero no 11) _____ (aceptar) por ningún partido, porque había estado preso (*in jail*).

3 **Más sobre los candidatos** Elige cinco oraciones de las descripciones de la **actividad 2** que estén en voz pasiva y escríbelas en voz activa. Sigue el modelo.

> **modelo**
> Muchos actos de discriminación fueron realizados por los miembros más importantes del grupo.
> *Los miembros más importantes realizaron muchos actos de discriminación.*

1. _____
2. _____
3. _____
4. _____
5. _____

4 **Metas** Los miembros del Partido Verde han establecido unas metas que quieren alcanzar. Transforma estas oraciones que describen sus metas de voz activa a voz pasiva. Sigue el modelo.

> **modelo**
> Todos los miembros de la asociación elegirán al representante.
> *El representante será elegido por todos los miembros.*

1. Distribuiremos miles de folletos (*flyers*) para atraer a más miembros.
   _____

2. Todos los miembros recibirán los resúmenes de las reuniones semanales.
   _____

3. Todos utilizarán los idiomas inglés y español.
   _____

4. No discriminaremos a nadie por su origen o nacionalidad.
   _____

5. La Asociación va a respetar todas las opiniones.
   _____

6. Organizaremos conferencias en todas las universidades.
   _____

5 **El artículo** Piensa en algo interesante que sucedió hace poco en tu universidad, o inventa algo. Escribe un breve artículo para el periódico escolar, usando la voz pasiva.

El nuevo Centro de Ciencias fue inaugurado el miércoles...
_____
_____
_____
_____
_____

10.2 Negative and affirmative expressions

1 Completar Unos amigos se preparan para ir a una fiesta. Completa su conversación con las palabras de la lista.

alguien	nadie	o
alguna	ni	siempre
jamás	ninguno	también
nada	nunca	tampoco

MARINA La fiesta de esta noche es en la casa de Eva. ¿Estuvieron ahí 1) _____ vez?

JAVIER No, no fui 2) _____. Y no sé quién es Eva.

IGNACIO ¿3) _____ conoces a su hermano Gustavo? ¿Gustavo Salazar?

JAVIER A él, sí. 4) _____ jugamos al fútbol juntos. Es muy buena persona.

MARINA ¿En serio? 5) _____ me dijo que lo vio conduciendo borracho...

IGNACIO ¡No creas 6) _____ de eso! Gustavo es muy responsable; 7) _____ pondría su vida en peligro. Además, creo que 8) _____ bebe 9) _____ le gusta andar con gente que bebe. Seguramente el que te lo dijo se confundió...

JAVIER Yo 10) _____ creo que esa persona 11) _____ se confundió 12) _____ te mintió. ¡Gustavo no bebe!

MARINA Olvidémoslo. ¿Quién me pasa a buscar por casa esta noche?

JAVIER ¡Yo! Pero hay un problema: 13) _____ de mis amigos supo decirme a qué hora exactamente empieza la fiesta.

IGNACIO Ahora llamo a Eva y le pregunto... ¡14) _____ mejor que ella para decirnos eso!

2 La verdad Transforma estos comentarios positivos a negativos para saber lo que esta persona piensa realmente.

1. Siempre pido pasta en los restaurantes. Me encanta.

2. Sí, claro. Conozco Rhode Island muy bien. Y también conozco Nueva York.

3. Los fines de semana, normalmente, o salgo con mis amigos o voy al cine.

4. Claro, a mí también me encanta el frío de Nueva Inglaterra.

5. Cuando voy de visita, siempre me gusta quedarme hasta muy tarde.

6. Le pueden dar mi número de teléfono a todo el mundo.

3 **El quejica** Imagina que viajas en avión y conversas con tu compañero de asiento, Marcos, a quien nada le viene bien. Escribe sus quejas y comentarios, haciendo todos los cambios necesarios. Utiliza las expresiones **o... o...**, **ni... ni...** y **ni siquiera**. Sigue el modelo.

> **modelo**
>
> Denme un asiento de ventanilla. Si no me lo dan, me voy a quejar al piloto.
> *O me dan un asiento de ventanilla o me voy a quejar al piloto.*

1. No me trajeron café. No me trajeron té. No me trajeron agua.

   _____

2. No pude traer todas las maletas. No pude vestirme bien.

   _____

3. Quiero una almohada más firme. De lo contrario, quiero dos almohadas.

   _____

4. Hoy me siento enfermo. No puedo dormir. No puedo hablar. No puedo moverme.

   _____

5. No quiero escuchar música. No quiero ver tantas luces.

   _____

6. Me ofrecen agua. Me ofrecen café. Yo quiero jugos naturales.

   _____

4 **Preguntas** Contesta estas preguntas personales con las expresiones de la lista.

alguien/algún	ni... ni...	nunca	siempre
nadie	ni siquiera	o... o...	también

1. ¿Qué te interesa más: un destino exótico o un viaje cultural?

   _____

2. ¿Compras *souvenirs* cuando visitas lugares turísticos?

   _____

3. ¿Visitarás España y Guatemala el próximo semestre?

   _____

4. ¿Te gustan las grandes ciudades o prefieres la vida en el campo?

   _____

5. ¿Qué ciudad te parece más tranquila: Nueva York o Los Ángeles?

   _____

6. ¿Hablas francés, alemán y ruso?

   _____

7. ¿Te interesa conocer a personas de otras culturas o prefieres relacionarte sólo con personas de tu propia cultura?

   _____

8. ¿Son la inmigración y la diversidad cultural un problema en tu comunidad?

   _____

10.3 Summary of the indicative and the subjunctive

1 **Fragmentos de clase** Lee estos fragmentos de una clase de historia sobre las culturas americanas antiguas y selecciona el tiempo verbal apropiado para cada uno.

1. Desde hace siglos, todos los pueblos (intentarían / han intentado / intentarán) explicar los orígenes de los humanos.
2. "¿Por qué (estamos / estábamos / estuvimos) sobre la Tierra?" Ésa (es / será / sería) la gran pregunta.
3. Para contestarla, muchos pueblos (inventaron / habrían inventado / habrán inventado) historias.
4. Esas historias (eran / serán / son) los mitos de hoy.
5. En la próxima hora, (leen / leyeron / leerán) algunos mitos de distintos pueblos.
6. La ciencia también (trataría / tratará / trata) de responder a la misma pregunta, pero no lo (hace / haría / habrá hecho) con historias.
7. A través de los años, los científicos (han buscado / buscan / buscarán) y todavía hoy (siguieron / siguen / seguirán) buscando pruebas (*proof*) para contestar esa pregunta.
8. Los restos (*remains*) de esqueletos, los objetos antiguos, las obras de arte y los restos de viviendas antiguas les (servirían / servirán / han servido) a los arqueólogos para formular hipótesis sobre cómo (vivían / vivirán / viven) los humanos antiguos.

2 **Fin de año en la universidad** Elige la opción apropiada para completar lo que piensan estos estudiantes sobre su profesora de historia de este año.

1. En esta escuela, no hay ninguna otra profesora que...
   a. hubiera enseñado historia de manera tan clara.
   b. había enseñado historia de manera tan clara.
   c. enseñe historia de manera tan clara.

2. Queremos que el año próximo...
   a. usted es nuestra profesora de historia.
   b. usted sea nuestra profesora de historia.
   c. usted fuera nuestra profesora de historia.

3. Le habría dedicado más tiempo a la historia...
   a. si hubiera sabido que es tan interesante.
   b. si habría sabido que es tan interesante.
   c. si había sabido que es tan interesante.

4. Le agradezco que...
   a. me haya enseñado a pensar.
   b. me enseñara a pensar.
   c. me ha enseñado a pensar.

3 **Dudas** Completa esta conversación entre un profesor y sus estudiantes antes de un examen escrito. Utiliza la forma adecuada del subjuntivo.

ANDREA ¿Qué opina sobre la fuerte inmigración latinoamericana en España?

PROFESOR Pienso que antes de que la democracia 1) _____ (llegar) a España, y antes de la unión de España a la Comunidad Europea, los emigrantes preferían ir a otros países, como Estados Unidos, pero una vez que la situación política y económica española empezó a mejorar, muchos hispanos empezaron a ir para allá. Es posible que 2) _____ (haber) otras razones, pero ésa es una de las más importantes.

MARIO Yo dudo que ésa 3) _____ (ser) la única razón. Yo no habría ido a España si 4) _____ (tener) que emigrar. Está muy lejos de mi país.

PEDRO Es verdad, pero muchas personas que emigran no quieren que sus hijos 5) _____ (crecer) en una cultura tan diferente. En España, sus hijos no olvidarán su lengua materna.

ANDREA ¿Cree que en España se adaptarán mejor? Es posible que los inmigrantes allí también 6) _____ (tener) problemas para establecerse e integrarse.

PEDRO Es posible, pero si yo 7) _____ (tener) que emigrar, me gustaría ir a un país donde no tenga problemas para comunicarme.

PROFESOR Bueno, chicos. A ver si dejamos la charla y nos preparamos para el examen.

4 **Un dato interesante** Haz cinco preguntas sobre este texto usando los tiempos verbales indicados.

Cuando los españoles llegaron a América, destruyeron los textos sagrados de los mayas. Sin embargo, los mayas, que sabían conservar la memoria de su pueblo, memorizaron durante mucho tiempo la historia, puesto que se la contaban de unos a otros. De esta manera, los mayas lograron conservar su legado transmitiendo oralmente su historia a través de las generaciones.

1. (condicional perfecto) ¿ *Qué habría pasado si los españoles no hubieran destruido los textos sagrados* ?
2. (futuro perfecto) ¿_____?
3. (pretérito perfecto) ¿_____?
4. (pretérito) ¿_____?
5. (pluscuamperfecto) ¿_____?

5 **El español en tu vida** Escribe un párrafo para explicar el efecto que ha tenido el español en tu vida. Usa por lo menos dos tiempos verbales en el indicativo, dos en el subjuntivo y dos verbos en el infinitivo. Incluye respuestas a estas preguntas:

- ¿Cuáles eran tus pensamientos, deseos y opiniones sobre las lenguas extranjeras cuando eras niño/a?
- Ahora que has estudiado el español, ¿qué piensas?
- ¿Han cambiado tus opiniones e ideas a través de esta clase? ¿Cómo?
- ¿Crees que cambiarás de opinión en el futuro? ¿Cómo? ¿Por qué?
- ¿Qué metas te propondrás ahora que sabes español?

_____
_____
_____
_____
_____

COMPOSICIÓN

▪ Paso 1

Contesta las preguntas.

1. ¿Conoces a gente que haya emigrado a otros países o que haya venido a vivir a tu país en los últimos años?

   _____

   _____

2. ¿Piensas que en el futuro la emigración disminuirá o, por el contrario, aumentará? ¿Por qué?

   _____

   _____

3. Imagina que tienes que irte a vivir a otro país, ¿a qué país te irías? ¿Por qué?

   _____

   _____

▪ Paso 2

Ahora, elige uno de estos temas y escribe una composición en una hoja aparte. Usa estas expresiones para mostrar tu opinión.

> el futuro de la población del planeta
> la emigración
> la diversidad cultural de tu país

(no) consideramos que	(no) es cierto que	(no) es seguro que	(no) es urgente que
(no) creemos que	(no) es evidente que	(no) es sorprendente que	(no) estamos
(no) es bueno que	(no) es necesario que	(no) es una lástima que	seguros/as de que
			(no) negamos que

- Primero, elige un tema y anota palabras, frases e ideas relacionadas.
- Luego, organiza las ideas del paso anterior y prepara un borrador (*draft*).
- Termina la composición con una oración que incluya tu opinión.
- Comprueba el uso correcto del indicativo y del subjuntivo.

_____

_____

_____

_____

_____

_____

Lección 1

1 **Opuestos** Vas a escuchar cinco oraciones. Repite cada oración diciendo lo opuesto. Después de cada respuesta, escucha la opción correcta.

> **modelo**
> *Tú escuchas:* Mariela está muy feliz.
> *Tú lees:* enojada / emocionada / ansiosa
> *Tú dices: Mariela está muy enojada.*

1. se casa / discute / cuenta

2. tacaño / gracioso / mentiroso

3. ligan / se enamoran / se odian

4. separarse de / casarse con / romper con

5. se sienten bien / se llevan bien / se enojan

2 **Identificar** Marta te va a dar una breve descripción de Caro, su compañera de apartamento. Marca los adjetivos que escuches en su descripción.

_____ cariñosa	_____ madura
_____ falsa	_____ mentirosa
_____ graciosa	_____ orgullosa
_____ harta	_____ preocupada
_____ inolvidable	_____ tacaña
_____ insensible	_____ tempestuosa

3 **Una carta muy especial** Rosa, una psicóloga, tiene un programa de radio en el que da consejos sobre problemas sentimentales. Escucha mientras Rosa lee una carta. Después, completa las oraciones con la opción correcta.

1. La persona que escribe la carta es _____.
   a. un chico joven   b. un señor mayor   c. un hombre casado

2. Los amigos de Antonio _____.
   a. no tienen experiencia   b. son geniales   c. siempre tienen
      en temas sentimentales   celos de él

3. Antonio piensa que _____.
   a. su novia está agobiada   b. su novia coquetea   c. su novia odia a
      por Juan Carlos   con Juan Carlos   Juan Carlos

4. Antonio no quiere hablar con Juan Carlos sobre este problema porque _____.
   a. Juan Carlos es sensible   b. Antonio es tímido   c. Antonio es orgulloso

5. Antonio _____.
   a. no quiere discutir con   b. quiere discutir   c. quiere discutir con
      su novia   con Juan Carlos   sus amigos

Lab Manual

ESTRUCTURAS

1.1 The present tense

1   **Nueva compañera** Marta está buscando una nueva compañera de apartamento. Escucha los mensajes que dos candidatas le han dejado y relaciona cada cualidad con la persona adecuada.

CANDIDATAS	Andrea	Yolanda
es tranquila		
come en la cafetería		
estudia mucho		
es activa		

2   **Para conocernos mejor** Marta y Yolanda han decidido salir juntas el viernes por la tarde para conocerse mejor y determinar si deben ser compañeras de apartamento. Ahora están decidiendo qué hacer esa tarde. Escucha su conversación dos veces y después completa las oraciones.

1. Marta y Yolanda están leyendo _____.
   a. una revista de chismes   b. el periódico   c. un folleto de la ciudad

2. Marta lee el periódico _____.
   a. para ver qué pueden   b. para leer las noticias policiales   c. para relajarse
        hacer el viernes

3. El viernes por la noche, Yolanda quiere _____.
   a. salir con amigos   b. ir a la discoteca   c. ir al teatro

4. Hablando de dinero, Yolanda _____.
   a. quiere pagar los boletos   b. puede pagar boletos caros   c. no quiere pagar boletos caros

5. Marta dice que los boletos para el teatro los puede conseguir _____.
   a. su padre   b. su amigo Raúl   c. su madre

6. Van a cenar _____.
   a. a la casa de Marta   b. a un restaurante elegante   c. al restaurante de Raúl

7. La próxima vez que salga con Marta, Yolanda _____.
   a. va a organizar otra salida   b. va a dejar a Marta hacer los planes   c. va a mirar televisión

8. Marta y Yolanda _____.
   a. se llevan mal   b. no se caen bien   c. se llevan muy bien

Lab Manual

1.2 *Ser* and *estar*

1 **Un noviazgo singular** Pedro y su novia Leticia se quieren mucho, pero existen muchas diferencias de personalidad entre ellos. Mira el dibujo y elige **cierto** o **falso** para cada oración que escuches. Si es falsa, corrígela escribiendo una oración con **ser** o **estar**.

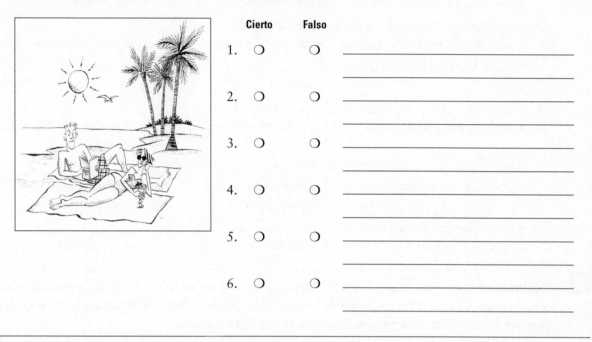

	Cierto	Falso	
1.	○	○	_____
2.	○	○	_____
3.	○	○	_____
4.	○	○	_____
5.	○	○	_____
6.	○	○	_____

2 **Aprendiendo español** Alan está estudiando español este semestre, pero no sabe cuándo debe usar **ser** y cuándo debe usar **estar**. Escucha a Alan mientras lee las oraciones que ha escrito para su composición y elige el verbo correcto después de escuchar cada frase.

1. Soy / Estoy
2. soy / estoy
3. somos / estamos
4. son / están

5. ser / estar
6. es / está
7. es / está
8. somos / estamos

3 **¿Qué significa?** Escucha cinco oraciones y elige el significado correcto para cada una.

1. a. Esta fruta es de color verde.
   b. Esta fruta no debe comerse todavía.

2. a. Me quiero ir. No me gustan las fiestas.
   b. Me quiero ir. No me gusta esta fiesta.

3. a. Ese actor no ha muerto.
   b. Ese actor es rápido e inteligente.

4. a. Esos zapatos le quedan bien a una persona alta como tú.
   b. Esos zapatos hacen que te veas más alta.

5. a. Mi niña se porta mal.
   b. Mi niña está enferma.

1.3 *Gustar* and similar verbs

1 **¡Qué aburrido!** Escucha esta breve conversación entre Roberto y Rosa y contesta las preguntas.

1. A Roberto le aburren _____.
   a. las fiestas de cumpleaños   b. los conciertos   c. sus amigos

2. Según Rosa, Roberto sólo se tiene que preocupar de _____.
   a. comprar un pasaje de autobús   b. comprar un boleto   c. llevarle un regalo a Alicia

3. Según Roberto, Alicia le cae _____.
   a. mal   b. fatal   c. bien

4. A Roberto _____.
   a. no le gustan los conciertos   b. le encantan los conciertos   c. le gustan sólo los conciertos de rock

5. Le molestan _____.
   a. los sitios con música fuerte   b. los sitios donde hay mucha gente   c. los sitios donde hay poca gente

6. Rosa le dice que pueden verse _____.
   a. más tarde ese día   b. otro día   c. al día siguiente

2 **Curiosidad** Rosa está en una fiesta de cumpleaños y una amiga le está haciendo preguntas sobre otros invitados. Escucha las preguntas de la amiga y respóndelas con la información entre paréntesis. Después de responder cada pregunta, escucha la respuesta correcta.

> **modelo**
>
> *Tú escuchas:* ¿Por qué no está Roberto en la fiesta?
> *Tú lees:* (disgustar / fiestas)
> *Tú respondes:* Porque le disgustan las fiestas.

1. (no gustar / chocolate)   4. (caer bien)

2. (interesar / canciones de moda)   5. (preocupar / lluvia)

3. (disgustar / ruido)   6. (no gustar / esta música)

3 **Te toca a ti** Ya es hora de hablar un poco sobre ti, ¿no crees? Escucha cada pregunta dos veces y contesta según tu opinión o tus preferencias personales. Puedes usar la información entre paréntesis.

1. (actividades / tiempo libre) _____

2. (actor o cantante / fascinar) _____

3. (mejor amigo/a / molestar) _____

4. (futuro / preocupar) _____

5. (clase / aburrir) _____

6. (vida / faltar / feliz) _____

LITERATURA

1 Escuchar Escucha el fragmento y marca si lo que afirman las oraciones es **cierto** o **falso**.

	Cierto	Falso
1. Es de noche.	○	○
2. Hace viento.	○	○
3. El enamorado está escribiendo un poema.	○	○
4. No se conocen.	○	○
5. Su amor no era correspondido.	○	○

2 Escuchar Escucha el fragmento y marca si lo que afirman las oraciones es **cierto** o **falso**.

	Cierto	Falso
1. El poeta está alegre.	○	○
2. El poeta se siente triste porque ya no están juntos.	○	○
3. El poeta piensa que va a conseguir verla de nuevo.	○	○
4. La alegría de las personas a su alrededor (*around him*) le va a ayudar.	○	○
5. Alguien está cantando en la distancia.	○	○

3 Escuchar Escucha el fragmento y marca si lo que afirman las oraciones es **cierto** o **falso**.

	Cierto	Falso
1. Él la busca con la mirada.	○	○
2. Él piensa que todavía son los mismos.	○	○
3. El poeta dice que ya no la quiere.	○	○
4. El poeta cree que ella está con otro hombre.	○	○
5. Al poeta le encantan los ojos de ella.	○	○

4 Escuchar Escucha el fragmento y marca si lo que afirman las oraciones es **cierto** o **falso**.

	Cierto	Falso
1. Él está seguro de lo que siente por ella.	○	○
2. El poeta piensa que va a ser fácil olvidarse de ella.	○	○
3. Él está harto de ella.	○	○
4. A él le duele la separación.	○	○
5. El poeta cree que es posible que no vuelva a escribirle otro poema.	○	○

Lab Manual

VOCABULARIO

Las relaciones personales

Ahora escucharás el vocabulario que está al final de esta lección del libro. Escucha con atención cada palabra o expresión y después repítela.

PARA EMPEZAR

Lección 2

1 **Identificación** Isabel está de visita en la ciudad y le pregunta a su hermana Elena el camino para llegar al centro comercial. Escucha las instrucciones de Elena y ayuda a Isabel a poner estas notas en orden. Ordena las notas escribiendo el número correspondiente junto a cada una.

_____ autobús   _____ estación de bomberos

_____ banco   _____ letrero

_____ avenida   _____ puente

2 **Indicaciones equivocadas** Escucha fragmentos de las indicaciones de la **actividad 1** y corrige la información falsa. Sigue el modelo.

> **modelo**
>
> *Tú escuchas:* ...después de doblar en la esquina, cruza el puente...
> *Tú lees:* Isabel cruza la plaza.
> *Tú escribes:* No, Isabel cruza el puente.

1. Isabel toma nota de la dirección.

_____

2. Al salir del centro comercial, Isabel cruza la avenida.

_____

3. Isabel para en la esquina del banco.

_____

4. Isabel baja del autobús en la calle de la estación de bomberos.

_____

5. Isabel cruza el puente y ve un estadio.

_____

3 **De regreso...** Son las cinco de la tarde e Isabel ya ha regresado de las compras. Escucha la conversación que tiene con Elena y, después, elige la opción más adecuada para completar las oraciones.

1. Cuando Isabel regresa del centro comercial, Elena...
   a. está hablando con   b. está mirando la televisión.   c. está hablando con
      la vecina.   sus amigas.

2. A Isabel le gusta...
   a. el arte.   b. pasear.   c. mirar la televisión.

3. Elena quiere...
   a. ir al estadio.   b. manejar el carro.   c. estacionar en el museo.

4. Cerca del estadio, siempre hay...
   a. transporte público.   b. fanáticos de fútbol.   c. mucho tráfico.

5. Isabel se va a duchar porque...
   a. tiene que volver a salir. b. regresó a pie.   c. quiere relajarse.

Lab Manual

ESTRUCTURAS

2.1 The preterite

1   **Isabel** Isabel llamó a su novio para contarle cómo fue su semana. Su novio no contesta el teléfono y ella le deja un mensaje. Escucha el mensaje y luego marca si lo que afirman las oraciones es **cierto** o **falso.**

	Cierto	Falso
1. Salió por la noche.	○	○
2. Conoció a algunas amigas de su hermana.	○	○
3. Isabel se divirtió en casa de Elena.	○	○
4. No pudo dormir bien.	○	○
5. Compró regalos en un centro comercial.	○	○

2   **Respuestas** El novio de Isabel le manda un mensaje por correo electrónico con las siguientes preguntas sobre sus vacaciones. Lee las respuestas y di qué contestó Isabel en cada caso. Después, escucha la respuesta correcta y repítela.

> **modelo**
>
> *Tú escuchas:* ¿Cómo te lo pasaste estos días?
> *Tú lees:* Muy bien.
> *Tú dices: Isabel se lo pasó muy bien estos días.*

Respuestas de Isabel:

1. Muy amable.
2. Muchas cosas.
3. Muy bien.
4. Un día a las doce del día.
5. A pasear.
6. Un museo y un partido de béisbol.
7. Nada.
8. A la discoteca.

3   **Diligencias** Isabel le pregunta al novio si pudo hacer algunas diligencias. Lee la lista para contestar sus preguntas y añade la información adicional. Después, escucha la respuesta correcta y repítela.

> **modelo**
>
> *Tú escuchas:* ¿Compraste nuestro postre favorito?
> *Tú lees:* ir al supermercado
> *Tú dices: Fui al supermercado y compré nuestro postre favorito también.*

✓ 1. dar de comer a los gatos
✓ 2. llamar a la compañía de teléfonos
✓ 3. leer los anuncios del periódico
✓ 4. empezar a pintar la cocina de abuela
✓ 5. pedirle una cita a mi profesor de inglés
✓ 6. decirles a mis padres que necesito dinero

Lab Manual

2.2 The imperfect

1 **Cuando era soltera...** Elena está pensando en cómo era su vida antes de conocer a su marido y mudarse a las afueras de la ciudad. Escucha lo que dice y, después, contesta las preguntas.

1. ¿Qué hacía Elena todas las noches? Elena _____ todas las noches.
   a. miraba televisión   b. iba al cine   c. salía con sus amigas

2. ¿Se relajaba a menudo? _____ en su apartamento.
   a. No, ella nunca   b. Sí, ella se relajaba   c. No, ella no se relajaba
      se relajaba   a menudo   porque trabajaba

3. ¿Cómo pagaba sus compras? Siempre pagaba todo con _____.
   a. tarjetas de débito   b. tarjetas de crédito   c. dinero en efectivo

4. ¿Tenía dinero? _____.
   a. No, tenía muchas deudas   b. Sí, tenía mucho dinero   c. No, pero no tenía deudas

5. ¿Por qué lo pasaba fatal? Lo pasaba fatal porque _____.
   a. no tenía vida nocturna   b. era muy orgullosa   c. era muy tímida

2 **El gran cambio** Elena era antipática y decidió cambiar. Usa la información sobre su situación en el pasado para describir a la Elena de antes. Después, escucha la respuesta correcta y repítela.

> *modelo*
>
> *Tú escuchas:* Ahora yo hablo con mucha calma.
> *Tú lees:* muy rápido
> *Tú dices:* Antes yo hablaba muy rápido.

En el pasado

1. con estrés y ansiedad   5. muy temprano los fines de semana
2. cada cinco minutos   6. nunca
3. una persona agresiva   7. de mal humor
4. por los detalles más pequeños   8. la persona más antipática

3 **El mal humor** De adolescente, Elena se enojaba mucho y reaccionaba de forma negativa a las situaciones. Escucha lo que ella dice sobre su adolescencia y escribe cada reacción negativa.

> *modelo*
>
> *Tú escuchas:* Si mi hermana no me prestaba sus juguetes, yo le gritaba.
> *Tú lees:* los juguetes
> *Tú escribes:* Gritaba.

Situación	Reacción negativa de Elena
los deportes	
ganar el partido	
perder el partido	
preguntas de familia	
el autobús	
chistes de amigos	

Lección 2 Lab Manual

Lab Manual

2.3 The preterite vs. the imperfect

1 **El robo** Mientras escuchas la conversación entre Mateo y el policía, indica si oyes la forma del pretérito, del imperfecto o de los dos.

Infinitivo	Pretérito	Imperfecto
1. escuchar		
2. estar		
3. oír		
4. tener		
5. ser		
6. decir		
7. ver		
8. dar		
9. poder		
10. faltar		

2 **¡Qué susto!** Vuelve a escuchar la conversación de la **actividad 1** y, después, determina si las oraciones son **ciertas** o **falsas**.

	Cierto	Falso
1. Mateo estaba en la cama cuando su esposa escuchó unas voces.	○	○
2. Cuando escuchó las voces eran las tres o las cuatro de la mañana.	○	○
3. Mateo le dijo a su esposa que no oía nada.	○	○
4. La vecina escucha la radio por las noches.	○	○
5. Lo primero que notó Mateo es que el dinero ya no estaba.	○	○
6. Mateo no se dio cuenta de que faltaba el televisor.	○	○
7. El policía le dijo a Mateo que necesitaban buscar pistas.	○	○
8. Mateo sabe exactamente quién entró en su apartamento.	○	○

3 **Las notas del detective** Usa estos fragmentos para completar la descripción que Elena le hace a un detective. Haz cualquier cambio que sea necesario. Después, escucha la respuesta correcta y repítela.

> **modelo**
>
> *Tú escuchas:* ¿Qué notó cuando miró por la ventana?
> *Tú lees:* árboles / moverse
> *Tú dices:* Noté que los árboles se movían.

1. calle / estar / tranquila
2. hacer / bastante / viento
3. haber / chico / calle
4. perro / ladrar (*to bark*)
5. dos personas / hablar / con / chico

LITERATURA

1   **Escuchar** Escucha el fragmento y marca si lo que afirman las oraciones es **cierto** o **falso**.

	Cierto	Falso
1. Aquella mañana caminaron mucho.	○	○
2. Los dos personajes son muy viejos.	○	○
3. En la ciudad no había mucha gente.	○	○
4. Los dos personajes caminaban muy rápido.	○	○
5. Los dos personajes se querían mucho.	○	○

2   **Escuchar** Escucha el fragmento y marca si lo que afirman las oraciones es **cierto** o **falso**.

	Cierto	Falso
1. Una joven se rio de la pareja de ancianos.	○	○
2. La joven iba con un hombre atlético.	○	○
3. La mujer joven caminó a pasos muy rápidos.	○	○
4. Los ancianos se pararon delante de un hospital.	○	○
5. La mujer recordaba los celos de su marido.	○	○

3   **Escuchar** Escucha el fragmento y marca si lo que afirman las oraciones es **cierto** o **falso**.

	Cierto	Falso
1. El hombre se acuerda de que debía plata a un amigo.	○	○
2. Le pidieron dinero para comprar comida.	○	○
3. La mujer se acuerda de una fiesta.	○	○
4. La mujer recuerda que su marido tenía el pelo negro.	○	○
5. El hombre recuerda que su hijo era muy hermoso.	○	○

4   **Escuchar** Escucha el fragmento y marca si lo que afirman las oraciones es **cierto** o **falso**.

	Cierto	Falso
1. De pronto, el hombre se sintió mal.	○	○
2. El hombre estaba asustado.	○	○
3. El hombre y la mujer se sentaron en un parque.	○	○
4. La mujer recordó la enfermedad y la muerte de su hijo.	○	○
5. El hombre murió.	○	○

Lab Manual

VOCABULARIO

En la ciudad

Ahora escucharás el vocabulario que está al final de esta lección del libro. Escucha con atención cada palabra o expresión y después repítela.

PARA EMPEZAR

Lección 3

1 **Seleccionar** Vas a escuchar una serie de palabras y expresiones. Escribe la palabra que no está relacionada con las demás.

> **modelo**
>
> *Tú escuchas:* el periodista, la prensa, la telenovela
> *Tú escribes: la telenovela*

1. _____   5. _____
2. _____   6. _____
3. _____   7. _____
4. _____   8. _____

2 **Identificación** Escucha las definiciones y anota el número que corresponde a cada palabra definida.

_____ los actores	_____ la revista sensacionalista
_____ la transmisión en vivo	_____ el locutor
_____ el estreno	_____ el público
_____ la pantalla	_____ la telenovela
_____ la portada	_____ los titulares

3 **Programación televisiva** Escucha el siguiente anuncio de una cadena de televisión e indica qué programación televisiva corresponde a cada uno de los días de la semana indicados. *(7 items)*

lunes	miércoles	viernes	domingo

Lab Manual

ESTRUCTURAS

3.1 The subjunctive in noun clauses

1   **Los medios** Dos estudiantes de periodismo hablan sobre los medios. Escucha su conversación y luego indica si lo que afirman las oraciones es **cierto** o **falso**.

	Cierto	Falso
1. Daniel piensa que los medios deben ser imparciales.	○	○
2. Marisa prefiere que los periodistas no den sus opiniones personales.	○	○
3. Marisa duda que los directores de las cadenas de televisión sigan instrucciones.	○	○
4. Daniel piensa que su amiga no es idealista.	○	○
5. Daniel no niega que es importante obedecer a los jefes.	○	○
6. Marisa piensa que es triste que las noticias sean un negocio.	○	○

2   **Mentiras** Estás trabajando para una publicación sensacionalista y tu jefe inventa historias que no son verdad. Usa el subjuntivo para reaccionar a lo que dice. Después, repite la respuesta correcta.

> **modelo**
> *Tú escuchas:* Jon Bon Jovi se divorcia después de su próximo concierto.
> *Tú lees:* No es posible que
> *Tú dices:* No es posible que Jon Bon Jovi se divorcie después de su próximo concierto.

1. Dudo que

2. No creo que

3. Es poco seguro que

4. No es verdad que

5. No es probable que

6. Es imposible que

3   **Opiniones** Marisa responde a unos comentarios de Daniel. Usa estos fragmentos para formar sus oraciones. Decide entre el indicativo y el subjuntivo, haciendo todos los cambios necesarios. Después, repite la respuesta correcta.

> **modelo**
> *Tú escuchas:* Los periodistas preparan buenos reportajes.
> *Tú lees:* es horrible / no ser / imparcial
> *Tú dices:* Pero es horrible que los periodistas no sean imparciales.

1. es extraño / leer / revistas / sensacionalistas

2. es ridículo / entrevistar / actores / malos

3. no dudo / aprender / mucho / navegando / red

4. es sorprendente / no poner / noticias

5. es cierto / enseñarnos / muchísimo

6. es seguro / comprar / productos / inútil

Lab Manual

3.2 Object pronouns

1 **Muchos regalos** Los amigos de la actriz Sara Manol han organizado una fiesta sorpresa para celebrar el estreno de su nueva película. Mientras esperan a que llegue, Gonzalo hace preguntas sobre los regalos. Sigue el modelo y después repite la respuesta correcta.

> **modelo**
>
> Tú escuchas: ¿Quién le regaló este disco?
> Tú lees: Julia
> Tú escribes: Julia se lo regaló.

1. el secretario: _____

2. yo: _____

3. su novio: _____

4. dos fotógrafos: _____

5. nosotras: _____

6. tú: _____

2 **A limpiar** Sus amigos no quieren que Sara ayude a limpiar después de la fiesta, pero ella quiere saber quién hace qué. Sigue el modelo y después repite la respuesta correcta.

> **modelo**
>
> Tú escuchas: ¿Quién debe lavar los platos?
> Tú lees: Orlando
> Tú contestas: Orlando los debe lavar. / Orlando debe lavarlos.

1. Antonio y Silvia

2. nosotros

3. Marcos

4. yo

5. ellas

6. Calixto y yo

3 **Aclaraciones** Los productores de la próxima película de Sara Manol están muy confundidos. Usa pronombres personales para aclarar sus confusiones. Sigue el modelo y después repite la respuesta correcta.

> **modelo**
>
> Tú escuchas: ¿Yo le anuncié la noticia a la directora?
> Tú lees: no
> Tú contestas: No, ella se la anunció a usted.

1. no

2. sí

3. no

4. no

5. sí

6. sí

Lección 3 Lab Manual   **135**

Lab Manual

3.3 Commands

1 **A sus órdenes** El director de la cadena le está dando órdenes a César. Señala las nuevas responsabilidades de César.

_____ 1. Sacar todos los libros de la biblioteca

_____ 2. Limpiar las mesas del restaurante chino

_____ 3. Comprar la comida para todos sus compañeros

_____ 4. Recoger la lista del mercado

_____ 5. Subir al primer piso para ayudar a los redactores

_____ 6. Recoger la basura

_____ 7. Traerle café al director

_____ 8. Limpiar la sala de periodistas

_____ 9. Preparar los informes para la recepcionista

_____ 10. Cortarle el pelo a su jefe

2 **¡Ayuda!** César le da consejos a un amigo en su primer día de trabajo porque el director de la cadena tiene muy mal humor. Escucha los consejos y cámbialos a mandatos. Sigue el modelo.

> **modelo**
> *Tú escuchas:* Debes ser puntual.
> *Tú lees:* puntual
> *Tú escribes:* Sé puntual.

1. _____ durante las horas de trabajo.

2. _____ mucho café, _____ cansado nunca.

3. _____ las tareas rápidamente.

4. _____ a trabajar todos los fines de semana.

5. _____ seis periódicos cada mañana.

6. _____ de usted.

7. _____ el reloj cuando estés delante de él.

8. _____ las cosas con calma.

3 **Nuevo jefe** Ahora César es el jefe de la cadena. Usa estos fragmentos para completar los mandatos formales que les da a sus empleados. Después, repite la respuesta correcta.

> **modelo**
> *Tú escuchas:* ¿Preparo su oficina para los candidatos?
> *Tú lees:* sala de reuniones
> *Tú dices:* No, prepare la sala de reuniones.

1. Puerto Rico

2. las solicitudes

3. el fotógrafo

4. la biblioteca

5. el caso de los televidentes enojados

LITERATURA

1 **Escuchar** Escucha la lectura y marca si lo que afirman las oraciones es **cierto** o **falso**. (Lectura grabada por el propio autor.)

	Cierto	Falso
1. El protagonista estaba mirando la tele cuando oyó un estruendo.	O	O
2. *Anna Karenina* fue el primer libro que encontró en el suelo.	O	O
3. La biblioteca estaba creciendo a pasos agigantados.	O	O
4. Había noches de suicidios colectivos.	O	O
5. Una noche el protagonista no encendió la televisión.	O	O

2 **Elegir** Escucha la lectura nuevamente y elige la mejor palabra o frase para completar cada oración. (Lectura grabada por el propio autor.)

1. El estruendo se escuchó en...
   a. la biblioteca.
   b. la cocina.
   c. la sala.

2. Una masa inconsistente de papel...
   a. agonizaba a los pies de la estantería.
   b. gritaba que apagaran la tele.
   c. lloraba desconsolada.

3. Los libros...
   a. se estaban desintegrando.
   b. se estaban cuidando.
   c. se estaban suicidando.

4. Cuanto más clásico era un libro,...
   a. menos ganas tenía el protagonista de leerlo.
   b. más probabilidad tenía de suicidarse.
   c. menos probabilidad tenía de suicidarse.

5. Cuando el protagonista decidió no encender la televisión,...
   a. no se despertó ninguno.
   b. no se leyó ninguno.
   c. no se suicidó ninguno.

3 **Opinar** Escucha las preguntas y contéstalas usando los verbos y las expresiones de la lista.

| es bueno | es probable | es una lástima | preferir | sorprender |
| es imposible | es necesario | no es verdad | siento | temer |

1. _____
2. _____
3. _____
4. _____
5. _____

Lab Manual

VOCABULARIO

Los medios de comunicación

Ahora escucharás el vocabulario que está al final de esta lección del libro. Escucha con atención cada palabra o expresión y después repítela.

1 **¿Qué quiere decir?** Pedro está hablando por teléfono. Escucha sus comentarios y selecciona la oración que exprese mejor la misma idea.

1. _____ a. Fueron novios durante dos años. Ayer María y Juan se separaron.
   _____ b. Fueron novios durante dos años. Ayer María y Juan se divorciaron.
   _____ c. Fueron novios durante dos años. Ayer María y Juan se mimaron.

2. _____ a. Los padres de Manuel lo apoyan mucho.
   _____ b. Los padres de Manuel lo respetan en todas sus decisiones.
   _____ c. Los padres de Manuel lo regañan siempre.

3. _____ a. Mi hermano es muy sumiso con sus hijos.
   _____ b. Mi hermano es muy exigente con sus hijos.
   _____ c. Mi hermano está muy unido a sus hijos.

4. _____ a. Mi sobrino Julián tiene problemas de autoestima.
   _____ b. Sus amigos lo llaman de otra manera.
   _____ c. Mi sobrino Julián es mandón.

2 **El novio de Beth** Cristina y Bernardo, los padres de Beth, están hablando del novio que su hija les presentó ayer. Escucha atentamente y marca los adjetivos que escuches.

_____ bien educado   _____ estricto
_____ honrado   _____ generoso
_____ insoportable   _____ maleducado
_____ egoísta   _____ mandón
_____ rebelde   _____ sumiso

3 **El novio de Beth 2** Vuelve a escuchar la conversación entre Cristina y Bernardo, los padres de Beth, y completa las oraciones.

1. La madre de Beth es menos _____ que el padre.

2. Según Cristina, el novio de Beth es _____ y _____.

3. El muchacho _____ al primo Rafael.

4. Rafael se independizó en su _____.

5. Bernardo piensa que Cristina y él _____ demasiado a Beth.

Lab Manual

ESTRUCTURAS

4.1 The subjunctive in adjective clauses

1 **Tu familia** Imagina que un estudiante extranjero viene a pasar un semestre con tu familia. Escoge la opción adecuada para completar cada oración que vas a escuchar.

1. a. que obedecen   b. que obedezcan
2. a. que nos cae   b. que nos caiga
3. a. que nos dice   b. que nos diga
4. a. que trabajan   b. que trabajen
5. a. que no se pelea   b. que no se pelee
6. a. que tenemos   b. que tengamos

2 **Cambio de escuela** Mercedes quiere que sus hijos cambien de escuela y le deja un mensaje a Marta, su compañera de trabajo, para pedirle que le recomiende una. Escucha el mensaje y luego complétalo añadiendo las partes que faltan (*are missing*).

Hola Marta, no sé si vas a poder ayudarme, o si conoces a alguien

1) _____, pero quiero que mis niños

cambien de escuela y pensé que quizás tú conoces alguna que sea buena. Busco una escuela

2) _____ bilingüe, y necesito

3) _____ excelentes y también que tengan mucha

paciencia. Prefiero una escuela que esté cerca de mi trabajo, pues cerca de casa no hay ninguna

4) _____. Mi suegro me recomendó una escuela muy

buena, pero es muy cara, y yo necesito una 5) _____

¿Conoces alguna escuela? Muchas gracias.

3 **Suposiciones** Contesta las preguntas de Mercedes sobre la escuela que le recomendó Marta. Sigue el modelo. Después, repite la respuesta correcta.

> **modelo**
> *Tú escuchas:* Hay maestros que hablan alemán, ¿verdad?
> *Tú lees:* No, ni un maestro
> *Tú dices:* No, no hay ni un maestro que hable alemán.

Respuestas de Marta

1. No, nadie
2. Sí, varios
3. No, nunca
4. Sí, un curso anual
5. No, ninguna maestra
6. Sí, una en particular
7. No, jamás
8. No, ni una sola

Lab Manual

4.2 Reflexive verbs

1 **¡Qué diferentes!** Roberto y Jorge son muy diferentes. Mira las ilustraciones e indica si lo que escuchas sobre ellos es **cierto** o **falso**.

Roberto   **Jorge**

	Cierto	Falso
1.	○	○
2.	○	○
3.	○	○
4.	○	○
5.	○	○

2 **La familia** Escucha la descripción de la familia de Marta y conecta la(s) persona(s) de la columna A con la actividad correspondiente en la columna B.

A	B
_____ 1. Andrés	a. levantarse temprano para arreglarse
_____ 2. Rosa	b. vestirse muy elegantemente
_____ 3. Papá	c. olvidarse de quién es su familia
_____ 4. Mamá	d. quitarse la ropa y vestirse solo
_____ 5. Alberto	e. ducharse y vestirse en quince minutos
_____ 6. El abuelo	f. quejarse porque sólo hay un baño

3 **Y después** Escucha lo que les pasó a estas personas y escoge un verbo de la lista para decir qué ocurrió después. Luego, escucha la respuesta correcta y repítela. *(6 items)*

> **modelo**
>
> *Tú escuchas:* Josefina escogió la ropa perfecta para su entrevista importante.
> *Tú escoges:* vestirse
> *Tú dices: Y después se vistió.*

acordarse	llevarse
arrepentirse	mudarse
convertirse	quejarse
despertarse	quitarse
dormirse	vestirse

Lab Manual

4.3 *Por* and *para*

1 **¿Qué hacemos?** María y su amigo Steve están de vacaciones en México. Escucha su conversación y complétala con **por** o **para**.

1. a. por   b. para
2. a. por   b. para
3. a. por   b. para
4. a. por   b. para
5. a. por   b. para
6. a. por   b. para
7. a. por   b. para
8. a. Por   b. Para

2 **Por y para** Contesta estas preguntas usando **por** y **para**. Usa pronombres de objeto directo cuando sea posible. Sigue el modelo y repite las respuestas correctas.

> **modelo**
> *Tú escuchas:* cuidar a mis sobrinos
> *Tú lees:* ¿Por qué fuiste a casa de tu cuñada?
> *Tú dices: Fui para cuidar a mis sobrinos.*

Preguntas

1. ¿Cómo encontraron ellos el museo?
2. ¿Compraste un regalo?
3. ¿Dónde trabajó tu primo?
4. ¿Cómo vinieron ustedes con tanto tráfico?
5. ¿Te pagaron cien mil pesos?
6. ¿Hasta cuándo vivió con su familia?

3 **Steve, el intranquilo** Usa estos fragmentos para contestar las preguntas de Steve. Usa **por** y **para**. Sigue el modelo, y después, escucha la respuesta correcta y repítela.

> **modelo**
> *Tú escuchas:* ¿Por qué compramos estos boletos?
> *Tú lees:* (nosotros) / comprar / viajar / tren
> *Tú dices: Los compramos para viajar por tren.*

1. (nosotros) / pasar / pequeño / pueblo
2. (tú) / ir / México
3. (nosotros) / tomar / llegar / rápido / hotel
4. (ellas) / tener / estar / teatro / ocho
5. (yo) / querer / llamar / teléfono / esta noche
6. (yo) haber / contestar / con / paciencia / que / saber

LITERATURA

1   **Escuchar** Escucha el fragmento y marca si lo que afirman las oraciones es **cierto** o **falso**.

	Cierto	Falso
1. Fray Bartolomé se perdió en la selva.	○	○
2. Fray Bartolomé está en España.	○	○
3. El fraile esperaba ayuda de sus amigos.	○	○
4. El fraile empezó a pensar que iba a morir.	○	○
5. Él quiso acordarse de su patria.	○	○

2   **Escuchar** Escucha el fragmento y marca si lo que afirman las oraciones es **cierto** o **falso**.

	Cierto	Falso
1. El religioso se durmió.	○	○
2. Había un grupo de indígenas mirándolo.	○	○
3. Los indígenas querían ayudarlo.	○	○
4. Él sabía que iba a morir.	○	○
5. Conocía perfectamente la lengua indígena.	○	○

3   **Escuchar** Escucha el fragmento y marca si lo que afirman las oraciones es **cierto** o **falso**.

	Cierto	Falso
1. El religioso no pensó un plan para escapar.	○	○
2. Recordó que iba a haber un eclipse de sol.	○	○
3. Los indígenas le creyeron.	○	○
4. El religioso estaba muy orgulloso de su cultura.	○	○
5. Los indígenas se reunieron.	○	○

4   **Interpretar** Escucha el fragmento. Después escucha las preguntas y contéstalas.

1. _____

    _____

2. _____

    _____

VOCABULARIO

En familia

Ahora escucharás el vocabulario que está al final de esta lección del libro. Escucha con atención cada palabra o expresión y después repítela.

PARA EMPEZAR

Lección 5

1 **Identificación** Escucha el siguiente segmento de un programa de noticias. Después, indica qué palabras de la lista se mencionan.

_____ aire	_____ inundaciones
_____ agotar	_____ peligro
_____ costas	_____ prevenir
_____ erosión	_____ río
_____ huracán	_____ sequía

2 **El medio ambiente** La universidad ha organizado un programa para los estudiantes interesados en proteger el medio ambiente. Escucha las tres opciones y completa las oraciones.

1. Para los estudiantes que se preocupan por el _____ _____ y quieren ayudar a _____ la _____, la universidad ha organizado tres programas. El primer programa se llama _____ limpia y se ocupará de organizar equipos de investigación y educar al público.

2. El segundo programa se llama _____ azul y estará dedicado a _____ las _____ marinas y vigilar la limpieza de las _____ y playas. Los voluntarios quitarán toda la _____ que encuentren y les explicarán a empresarios locales los _____ de echar materiales _____ en el agua.

3. El programa Ayuda va a pedir dinero para animales víctimas del _____ humano, como las vacas, los cerdos, las _____ y las _____. La mayoría de sus colaboradores están en contra de comer carne y piensan que cuidar la _____ es el deber de todos.

3 **El extraterrestre** Tienes un nuevo amigo extraterrestre que quiere conocer más sobre la Tierra. Por eso te hace preguntas bastante obvias. Contéstalas con oraciones completas. Después, repite la respuesta correcta.

> **modelo**
>
> *Tú escuchas:* ¿Qué es una cordillera?
> *Tú lees:* cadena / montañas
> *Tú dices: Una cordillera es una cadena de montañas.*

1. lugar seco / con / poca lluvia

2. destrucción / bosques

3. animal enorme / vivir / océanos

4. movimiento fuerte / tierra

5. perseguir (*chase*) animales / para / matarlos

Lab Manual

ESTRUCTURAS

5.1 The future

1 **El futuro** Escucha las predicciones del futurólogo Rapel e indica si cada afirmación es **cierta** o **falsa**.

Los bosques	Cierto	Falso
1. Desaparecerán casi por completo.	○	○
2. No tendrán animales.	○	○
3. Serán como un desierto.	○	○
4. Tendrán muchos pájaros.	○	○

Los océanos		
5. Los mares se quedarán sin agua.	○	○
6. Los océanos se contaminarán.	○	○
7. No habrá playas limpias.	○	○
8. El agua estará llena de basura.	○	○

Los seres humanos		
9. Destruirán la naturaleza completamente.	○	○
10. No saldrán a pasear.	○	○
11. Vivirán felices.	○	○
12. No viajarán a otros lugares.	○	○

2 **Cambiar** Transforma cada oración usando el pronombre que ves como sujeto. Después, repite la respuesta correcta.

> **modelo**
>
> *Tú escuchas:* Yo protegeré los animales de nuestros bosques.
> *Tú lees:* nosotros
> *Tú dices: Nosotros protegeremos los animales de nuestros bosques.*

1. ella
2. nosotros
3. tú

4. ellos
5. usted
6. yo

3 **División del trabajo** La presidenta de un grupo ambiental se queja de lo mal que se hizo todo el mes pasado. Respóndele con oraciones completas. Después, repite la respuesta correcta.

> **modelo**
>
> *Tú escuchas:* ¡Nadie tomó nota en la última reunión!
> *Tú lees:* de ahora en adelante / Mariana
> *Tú dices: De ahora en adelante Mariana tomará nota.*

1. esta noche / los nuevos miembros
2. este viernes / yo / también
3. la semana que viene / nosotras
4. en el futuro / tiempo / varias presentaciones
5. la próxima vez / tú
6. el mes que viene / todo

5.2 The conditional

1 **Después de la excursión** Susana y sus amigos acaban de regresar de las montañas. Escucha mientras ella te explica qué hizo cada persona y elige la mejor opción.

1. a. Tendría prisa.   b. Estaría sonando (*ringing*).
2. a. Necesitaría hablar con ella.   b. Querría sacar una foto del paisaje.
3. a. Estarían cansados.   b. Tendrían hambre.
4. a. Estaría aburrido.   b. Echaría de menos a su novia.
5. a. Tendrían frío.   b. Querrían bañarse.
6. a. Tocaría muy bien.   b. No sabría tocar ningún instrumento.
7. a. Querría hablar.   b. Desearía dormir.
8. a. Tendría ganas de bailar.   b. Necesitaría irse.

2 **Qué emoción** Susana está muy emocionada después de su excursión. Vas a escuchar dos veces lo que le cuenta a su madre. Indica si cada afirmación es **cierta** o **falsa**. Corrige las falsas.

	Cierto	Falso
1. Cuando llegó Susana, estaba nublado y nadie creía que haría sol.	○	○
2. Los padres de Susana dirían que ella y sus amigos estaban locos.	○	○
3. Susana pensó que dormiría mejor que nunca.	○	○
4. Josefina dijo que llevaría su repelente contra insectos.	○	○
5. Susana y sus amigos jamás imaginaron que comerían carne de serpiente.	○	○
6. Ellos pensaron que el guía los abandonaría en la selva.	○	○

3 **Reacciones** El director del club de excursiones de tu escuela te pregunta cómo reaccionarías en diferentes situaciones. Combina un verbo de la columna A y una opción lógica de la columna B.

> **modelo**
> *Tú escuchas:* Imagina que ves un oso. ¿Qué harías?
> *Tú combinas:* tirarse; al suelo y no haría nada
> *Tú dices:* Me tiraría al suelo y no haría nada.

A	B
1. llamar	a. algunas cosas en mi mochila.
2. llevarle	b. de alegría.
3. tratar	c. un árbol para cruzar con el tronco.
4. buscar	d. al médico inmediatamente.
5. cortar	e. de convencerla de que no hay ningún peligro.
6. encender	f. una fogata (*bonfire*) para llamar la atención.
7. organizar	g. mi equipo de primeros auxilios para curarlo.
8. saltar	h. una búsqueda de comida conducida por el que se lo comió todo.

Lab Manual

     Lección 5 Lab Manual   **147**

5.3 Relative pronouns

1 **El zoológico** Los representantes del zoológico se han reunido para mejorar la calidad de vida de los animales. Escucha lo que ocurre en la reunión y selecciona la mejor opción.

1. a. Los responsables del zoológico aprobaron el proyecto cuyo presupuesto es bajo.

   b. Los responsables del zoológico aprobaron el proyecto que tiene un presupuesto altísimo.

2. a. El especialista que trabaja con los monos es de Cuba.

   b. El especialista de Cuba, quien está mejorando el área donde viven, quiere trabajar con los monos.

3. a. La responsable de las serpientes, la cual tiene problemas en la piel, ordenó unas vitaminas.

   b. La responsable de las serpientes quiere darles vitaminas a las que tienen problemas en la piel.

4. a. La entrevistadora llamó al candidato, quien vive en Miami.

   b. La entrevistadora llamó al candidato para el trabajo de cuidar a los leones, los cuales viven en Miami.

5. a. El empleado quería cambiar de lugar a los tigres, los cuales no tenían mucho espacio.

   b. El empleado, cuyos tigres tenían espacio, pidió que no se cambiaran de lugar.

6. a. Contrataron a un nuevo ayudante, el cual está especializado en aves exóticas.

   b. Contrataron a un nuevo ayudante que se va a especializar en aves exóticas.

2 **Animales** Escucha las descripciones de cada animal y luego forma una oración con el pronombre relativo en la secuencia indicada. Después, repite la respuesta correcta.

> **modelo**
>
> Tú escuchas: El león prefiere descansar de día. El león es el rey de la selva.
> Tú lees: que / rey / de día
> Tú dices: El león, que es el rey de la selva, prefiere descansar de día.

1. que / simpático / banana
2. la cual / cabeza / costa
3. el que / emergencia / niños

4. las cuales / hermosas / Ecuador
5. cuya / dieta / acuática
6. a los que / nadar / durmiendo

3 **Descanso** Durante un descanso de la reunión del zoológico, dos compañeros se entretienen describiendo lo que está pasando en la oficina. Escucha las descripciones y contesta las preguntas.

1. ¿Qué chica está sentada a la derecha?

   La chica _____ está sentada a la derecha.

2. ¿Qué mono está encima de la mesa?

   El mono _____ está encima de la mesa.

3. ¿Qué abogados de la empresa están de pie?

   Los abogados _____ saber nada nunca más están de pie.

4. ¿Cuál es el representante del ayuntamiento?

   El representante del ayuntamiento es _____ esa camisa amarilla tan horrible.

5. ¿Quién está sentada a la izquierda?

   La veterinaria _____ está sentada a la izquierda.

6. ¿Quién está al otro lado de la puerta?

   El chico moreno _____ está al otro lado de la puerta.

LITERATURA

1 **Escuchar** Escucha el fragmento y selecciona la opción que mejor completa cada oración.

1. La luna se puede tomar como una cápsula...
   a. cada dos horas.　　　b. cada tres horas.　　　c. cada doce horas.

2. Es buena para...
   a. relajarse.　　　b. dormirse.　　　c. estudiar filosofía.

3. La luna en el bolsillo te ayuda a...
   a. encontrar un conejo.　　　b. encontrar el amor.　　　c. ser pobre.

4. También sirve para...
   a. no estar enfermo.　　　b. ser médico.　　　c. no ser nadie.

2 **Escuchar** Escucha el fragmento y selecciona la opción que mejor completa cada oración.

1. La luna se puede dar de postre...
   a. nunca.　　　b. a los niños dormidos.　　　c. a los niños despiertos.

2. Ayuda a los ancianos a...
   a. relajarse.　　　b. bien morir.　　　c. bien vivir.

3. Debes poner una hoja de luna...
   a. en la cordillera.　　　b. debajo de la cama.　　　c. debajo de la almohada.

4. Si lo haces,...
   a. no necesitarás ver nada.　　　b. podrás ver lo que quieras.　　　c. mirarás la luna auténtica.

3 **Escuchar** Escucha el fragmento y selecciona la opción que mejor completa cada oración.

1. Lleva un frasquito de la luna para cuando...
   a. te duermas.　　　b. haga frío.　　　c. te falte el aire.

2. A los presos les ayudará...
   a. la llave de la luna.　　　b. la cara de la luna.　　　c. a sonreír.

3. La luna es para los condenados...
   a. a muerte y a vida.　　　b. a quienes no les gusta la muerte.　　　c. por algún crimen.

4. La luna debe tomarse...
   a. siempre que se quiera.　　　b. en dosis controladas.　　　c. en dosis grandes.

Lab Manual

VOCABULARIO

Nuestro mundo

Ahora escucharás el vocabulario que está al final de esta lección del libro. Escucha con atención cada palabra o expresión y después repítela.

PARA EMPEZAR

Lección 6

1 **Identificación** Escucha el siguiente boletín de noticias (*news bulletin*) y, después, marca las palabras de la lista que se mencionan.

_____ aprobar	_____ igualdad
_____ creencia	_____ injusticia
_____ desigualdad	_____ ley
_____ ganar	_____ manifestante
_____ gobierno	_____ presidente

2 **La noticia** Escucha otra vez la noticia de la **actividad 1** y completa las oraciones.

1. Ramón Pastor es el _____ del partido liberal.
   a. presidente   b. secretario   c. vicepresidente

2. Mario Rodríguez se ha reunido hoy para _____ contra la desigualdad en el mundo del trabajo.
   a. dar un discurso   b. manifestarse   c. presentar un proyecto de ley

3. Quieren organizar una campaña (*campaign*) por la igualdad de derechos para _____.
   a. todos los niños   b. todos los trabajadores   c. las mujeres

4. El senador cree que el Congreso tiene que aprobar la ley porque es _____ de mucha importancia para todos.
   a. un tema   b. un escándalo   c. una crueldad

5. Se debe aprobar la ley antes de que _____.
   a. haya elecciones   b. pasen los años   c. termine el año

3 **Los candidatos** Hay dos finalistas para el puesto de presidente estudiantil en tu universidad, Rosa Martínez y Eusebio Roma. Escucha sus presentaciones y, después, completa las oraciones.

1. Rosa Martínez quiere dedicarse a mejorar _____
   _____

2. Ella quiere conseguirlo con _____
   _____

3. Eusebio Roma quiere terminar con _____
   _____

4. Según Eusebio, el gobierno estudiantil debe colaborar con _____
   _____

5. Él no va a permitir que ningún miembro de la administración _____
   _____

6. Las elecciones van a ser el martes _____

Lab Manual

ESTRUCTURAS

6.1 The subjunctive in adverbial clauses

1   **Completar** Escucha lo que dice el profesor Aragón el primer día de clases y completa cada oración con el presente del subjuntivo del verbo que oyes.

1. El profesor dice que es importante que nosotros no 1) _____ hasta terminar el semestre para empezar el proyecto.

2. Nos recomienda que en cuanto 2) _____ a los compañeros, 3) _____ con quién queremos trabajar.

3. Nos dice que cuando 4) _____ quiénes van a formar parte del grupo, que 5) _____ a pensar en el tema.

4. Debemos ir a la biblioteca tan pronto como 6) _____ las listas de los libros.

5. Tenemos que darle el tema del proyecto final el mes que viene a menos que 7) _____ una buena excusa.

2   **Estudios y carrera** Completa las respuestas a las preguntas que vas a escuchar usando un elemento de cada columna. Usa el presente del subjuntivo o el pretérito del verbo, según corresponda.

> **modelo**
>
> *Tú escuchas:* ¿Vas a pagar tus deudas al terminar los estudios?
> *Tú lees:* en cuanto / ganar
> *Tú escribes:* Voy a pagar mis deudas *en cuanto gane* un poco de dinero.

a menos que	decir
aunque	empezar
con tal de que	pagar
cuando	parecer
después de que	pedir
hasta que	saber
tan pronto como	terminar

1. No voy a abandonar mis estudios _____ mis padres no me _____ el semestre.

2. Me ofrecieron mi primer trabajo _____ yo _____ mis estudios.

3. Voy a elegir una especialidad _____ el nuevo semestre _____ en el otoño.

4. Dediqué dos años de mi vida a ayudar a las víctimas del terremoto _____ mis amigos y yo _____ la noticia.

5. Deseo aprender todo lo posible _____ alguien me _____ que debo buscar un empleo.

6. Me gusta estudiar español _____ a veces me _____ difícil.

Lab Manual

6.2 The past subjunctive

1   **Un pequeño problema** Rosa y Eusebio son voluntarios del Partido del Pueblo. Organizaron una reunión, pero Eusebio no siguió las instrucciones de Rosa. Escucha la conversación y, después, elige la mejor opción.

    1. Rosa esperaba que entregaran las sillas el sábado _____.
       a. a las nueve de la tarde   b. a las nueve de la mañana   c. a las ocho de la mañana

    2. Rosa le pidió a Eusebio que llegara al club _____.
       a. antes de las ocho   b. entre las siete y las ocho   c. después de las ocho

    3. Rosa le sugirió a Eusebio que les comprara a los miembros del partido

       _____.
       a. unos cafés y unos dulces   b. unas revistas   c. botellas de agua

    4. Rosa le pidió a Eusebio que preparara las fotocopias para _____.
       a. la semana pasada   b. esta mañana   c. esta tarde

    5. Con respecto a la prensa, Eusebio le pidió a Rosa que lo ayudara a _____.
       a. organizar el salón   b. organizar las entrevistas   c. hablar con los periodistas

    6. ¿Por qué crees que Eusebio le recordó a Rosa las veces que ella no le ayudó?

       _____

2   **Conexiones políticas** Eusebio conoce a mucha gente política. Escucha lo que dice y transforma cada oración usando las expresiones sugeridas. Después, repite la respuesta correcta.

> **modelo**
>
> *Tú escuchas:* Mis padres se dedicaron a la política.
> *Tú lees:* fue bueno que
> *Tú dices: Fue bueno que mis padres se dedicaran a la política.*

    1. era necesario que

    2. te sugerí que

    3. el congreso recomendó que

    4. nosotros les pedimos que

    5. a Rosa le gustaba que

    6. nuestros profesores aconsejaron que

    7. fue urgente que

    8. los manifestantes insistieron en que

Lab Manual

6.3 Comparatives and superlatives

1

¡Cuántos recuerdos! Rosa y Eusebio están dando un paseo por Puerto Montt, la ciudad donde se hospedan en Chile. Escucha la conversación y, después, indica si cada una de estas afirmaciones es **cierta** o **falsa**.

	Cierto	Falso
1. A Rosa, Puerto Montt le recuerda su último viaje a España.	○	○
2. Según Rosa, la ciudad de Altea es más grande que Puerto Montt.	○	○
3. En Puerto Montt hay menos balcones que en Altea.	○	○
4. Las calles de Altea son más estrechas (*narrow*) que las de Puerto Montt.	○	○
5. La gente de Altea es tan simpática como la de Puerto Montt.	○	○
6. Eusebio piensa que Rosa tiene más oportunidades que él para viajar.	○	○

2

Comparar Compara las casas de la ilustración y, después, contesta las preguntas.

Familia López   Familia Brito

1. _____

2. _____

3. _____

4. _____

5. _____

3

Sabelotodo Estás hablando con una amiga que cree saber más que nadie. Reacciona a sus comentarios usando superlativos. Sigue el modelo. Después, repite la respuesta correcta.

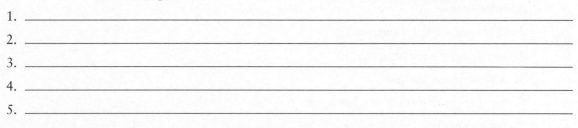

modelo

Tú escuchas: Esta ley es importante.
Tú lees: – / el año
Tú dices: Esta ley es la menos importante del año.

1. – / la ciudad
2. + / su partido
3. – / el gobierno
4. – / mundo
5. + / esta democracia
6. + / nuestros tiempos

LITERATURA

1 **Escuchar** Escucha el poema y elige la opción correcta para cada afirmación.

1. Al escritor le quitaron...
   a. todo.   b. una botella de agua.   c. los lápices.

2. Al escritor lo han hundido en...
   a. una habitación de hotel.   b. una celda de castigo.   c. su casa.

3. Al escritor le queda el orgullo de sentirse un hombre...
   a. triste.   b. alegre.   c. libre.

4. El escritor cree que en su alma aún tiene...
   a. un jardín de florecitas.   b. un deseo de venganza.   c. un jardín de plumas.

5. Los versos fueron escritos con...
   a. tinta.   b. agua.   c. sangre.

2 **Interpretar** Escucha el poema y marca si lo que afirma cada oración es **cierto** o **falso**.

	Cierto	Falso
1. Al escritor le quitaron todo porque quieren que él se concentre y escriba.	O	O
2. Al escritor lo castigaron por querer escribir.	O	O
3. El escritor se siente libre a pesar de todo.	O	O
4. El poema trata de las enfermedades del escritor.	O	O
5. Para el escritor la mejor tinta es el alma.	O	O

3 **Analizar** Escucha y contesta las preguntas sobre el poema.

1. _____

   _____

2. _____

   _____

3. _____

   _____

4. _____

   _____

Lab Manual

VOCABULARIO

Creencias e ideologías

Ahora escucharás el vocabulario que está al final de esta lección del libro. Escucha con atención cada palabra o expresión y después repítela.

PARA EMPEZAR

Lección 7

1 **Identificación** Escucha las siguientes definiciones y elige la palabra que corresponde a cada una.

1. a. aumento   b. gerente
2. a. deuda   b. contrato
3. a. despedir   b. gastar
4. a. empleo   b. almacén
5. a. finanzas   b. reunión
6. a. bolsa de valores   b. presupuesto
7. a. jubilarse   b. aprovechar
8. a. sueldo   b. sindicato
9. a. currículum vitae   b. cuenta de ahorros
10. a. cobrar   b. solicitar

2 **¿Quién lo dijo?** Escucha las oraciones y escribe el número al lado de la persona que crees que dice cada una de ellas. Dos personas no dicen nada.

a. _____ vendedor(a)

b. _____ asesor(a)

c. _____ periodista

d. _____ empleado/a de banco

e. _____ dueño/a

f. _____ desempleado/a

g. _____ socio/a

3 **Intérprete** Jason es un estudiante extranjero en tu clase de economía. Tú lo estás ayudando con una tarea, porque él todavía no sabe mucho español. Contesta sus preguntas y, después, repite la respuesta correcta. (8 items)

> **modelo**
>
> *Tú escuchas:* ¿Cómo se llama la persona que toma las decisiones en una empresa?
> *Tú lees:* gerente
> *Tú dices:* Un gerente toma las decisiones en una empresa.

almacén	deuda	gerente
contador	ejecutivo	sindicato
cuenta corriente	empleada	tarjeta de crédito
desempleado	empresa multinacional	vendedor

Lab Manual

ESTRUCTURAS

7.1 The present perfect

1 **Desde aquel momento** María trabajó en Paraguay durante un tiempo. Ahora ha regresado a los Estados Unidos y está hablando con una amiga sobre los cambios que María ha hecho en su vida desde la última vez que se vieron. Escucha su conversación y, después, elige la respuesta adecuada para completar estas oraciones.

1. Durante los últimos días, María ha estado pensando en...
   a. su cuenta bancaria. b. su amiga.
2. Desde que regresó de Paraguay, María ha hecho muchos cambios...
   a. profesionales. b. personales.
3. María dice que durante su viaje tuvo mucho tiempo para...
   a. pensar y observar. b. trabajar y conversar.
4. María se ha pasado los últimos cinco años...
   a. trabajando. b. de vacaciones.
5. En Paraguay, María tuvo la oportunidad de...
   a. invertir mucho dinero. b. conocer a muchas personas.
6. María ha calculado que para vivir una vida tranquila...
   a. necesita un millón de dólares. b. no necesita mucho dinero.
7. María ha llegado a la conclusión de que...
   a. su felicidad importa más que el dinero. b. quiere tener un puesto más importante.
8. La amiga de María no ha visto nunca a nadie tan...
   a. loco. b. capaz.

2 **Preguntas y respuestas** Escucha otra vez la conversación entre María y su amiga. Luego, escribe las preguntas que correspondan a las respuestas que ves en el texto.

1. ¿_____?
   Se ha dado cuenta en Paraguay.

2. ¿_____?
   Lo ha decidido porque quiere tener más tiempo para las cosas que le gustan.

3. ¿_____?
   Lo ha dicho porque sin dinero no se puede vivir.

3 **Tu relación con el dinero** Completa las respuestas a las preguntas que vas a escuchar.

1. _____ alguna vez a un empleo.

2. _____ dinero en los últimos años.

3. _____ dinero en la bolsa alguna vez.

4. _____ alguna vez con muy poco dinero.

5. _____ alguna vez en trabajar en otro país.

7.2 The present perfect subjunctive

1   **Opiniones** Imagina que estás trabajando en una pequeña empresa y un compañero tuyo es muy perezoso e inseguro. Escucha lo que te dice tu compañero, y dile lo que piensas usando el pretérito perfecto de subjuntivo. Sigue el modelo.

> **modelo**
>
> *Tú escuchas:* El gerente se ha olvidado de mi aumento de sueldo.
> *Tú escribes:* Dudo mucho que el gerente *se haya olvidado* de tu aumento de sueldo.

1. No creo que _____ a la secretaria.

2. Dudo que _____ las notas.

3. Es imposible que no _____ la tarjeta de crédito.

4. No pienso que el banco _____ un contador nuevo.

5. No creo que los jefes _____ la empresa.

6. No es verdad que _____ a Manuel.

2   **¡Ahora todos!** El dueño de la empresa va a hacer una visita a las oficinas. El compañero perezoso e inseguro está fuera de control y todos los empleados de la oficina le contestan al mismo tiempo. Sigue el modelo y, después, repite la respuesta correcta.

> **modelo**
>
> *Tú escuchas:* Pienso que el gerente ha estado de mal humor.
> *Tú lees:* no creer que
> *Tú dices:* No creemos que el gerente haya estado de mal humor.

1. dudar que   4. negar que

2. no pensar que   5. no creer que

3. no estar seguros de que

3   **Y tú, ¿qué piensas?** Hoy en día, la situación económica de un país puede afectar a otro. Escucha las preguntas y escribe tus respuestas para dar tu opinión. Usa el pretérito perfecto del subjuntivo.

1. (las empresas norteamericanas) _____

_____

2. (tanta deuda) _____

_____

3. (los gobiernos de países ricos) _____

_____

4. (los sueldos de hombres y mujeres) _____

_____

5. (la situación económica) _____

Lab Manual

7.3 Uses of *se*

1

Una situación complicada Amelia te va a explicar lo que les pasó a dos amigos suyos mientras estaban en la cola del banco. Escucha su historia y, después, determina si cada una de las siguientes oraciones es **cierta** o **falsa** según la información que escuches.

	Cierto	Falso
1. Al llegar al banco, los amigos de Amelia se pusieron en la cola.	○	○
2. Se les informó de que unos ladrones (*robbers*) estaban dentro del banco.	○	○
3. A un empleado se le perdió un libro.	○	○
4. Los policías les pidieron a los empleados que mostraran su identificación.	○	○
5. Después, se les prohibió la entrada al banco a todas las personas.	○	○
6. A la amiga de Amelia se le olvidó su nombre.	○	○
7. Al final, había dos ladrones en el banco.	○	○
8. Se dañó la alarma porque un empleado la había conectado mal.	○	○

2

¿Qué pasó? Vuelve a escuchar lo que ocurrió en el banco y luego completa las oraciones con la opción correcta.

1. Cuando llegó el turno de los amigos, _____ que había unos ladrones en el banco.
   a. se informó   b. se celebró   c. se leyó

2. A un empleado _____ un libro.
   a. se le cayó   b. se le quedó   c. se le acabó

3. La policía llegó y _____ la entrada al banco.
   a. se escondió   b. se prohibió   c. se abrió

4. A la amiga _____ su nombre y dirección.
   a. se le lastimaron   b. se le rompieron   c. se le olvidaron

5. Todo fue un error porque _____ la alarma.
   a. se les había perdido   b. se les había quemado   c. se les había dañado

3

Un poco de imaginación Roberto te va a contar lo que le pasó durante su última entrevista de trabajo. Escucha mientras Roberto empieza cada oración y termínala de una forma apropiada, según el contexto.

1. _____
2. _____
3. _____
4. _____
5. _____
6. _____

LITERATURA

1 **Escuchar** Escucha el fragmento y marca si lo que afirman las oraciones es **cierto** o **falso**.

	Cierto	Falso
1. Sus hijos trabajan en la tienda.	○	○
2. Él tiene problemas con el hijo.	○	○
3. A él no le gusta el teatro.	○	○
4. Él quiere cerrar la tienda.	○	○
5. Se ha separado de su mujer hace poco tiempo.	○	○

2 **Escuchar** Escucha el fragmento y marca si lo que afirman las oraciones es **cierto** o **falso**.

	Cierto	Falso
1. Él termina de trabajar cada día a las nueve.	○	○
2. Le gusta hablar con el policía.	○	○
3. El hombre mató a los jóvenes.	○	○
4. Él sospechó de ellos desde el principio.	○	○
5. El hombre afirma que el joven sacó una pistola.	○	○

3 **Escuchar** Escucha el fragmento y marca si lo que afirman las oraciones es **cierto** o **falso**.

	Cierto	Falso
1. El hombre había estado en la guerra.	○	○
2. El arma del joven era de juguete.	○	○
3. Los jóvenes tenían unos veinte años.	○	○
4. La muchacha tenía una pistola.	○	○
5. El hombre los mató porque temía por su vida.	○	○

4 **Interpretar** Escucha otra vez la lectura y elige la mejor palabra o frase para completar cada oración.

1. El hombre trabaja _____.
   a. con su familia   b. solo   c. con un actor de teatro

2. A la tienda entraron a robar _____.
   a. dos jóvenes   b. dos ancianas   c. dos extraterrestres

3. Los jóvenes, según el policía, tenían _____.
   a. veinte años   b. doce años   c. dieciocho años

4. El hombre disparó _____.
   a. a los dos al mismo tiempo   b. primero a la mujer y luego al hombre
   c. primero al hombre y luego a la mujer

5. El hombre está hablando con _____.
   a. su hijo   b. el ladrón   c. un policía

Lab Manual

VOCABULARIO

El trabajo y las finanzas

Ahora escucharás el vocabulario que está al final de esta lección del libro. Escucha con atención cada palabra o expresión y después repítela.

1 **Identificación** Escucha las siguientes definiciones y escribe el número de cada una junto a la palabra correspondiente.

_____ a. buscador		_____ f. extraterrestres	
_____ b. células		_____ g. herramienta	
_____ c. clonar		_____ h. patente	
_____ d. contraseña		_____ i. telescopio	
_____ e. descubrimiento		_____ j. teoría	

2 **¿Un planeta habitable?** Vas a escuchar una noticia sobre el descubrimiento de un nuevo planeta. Luego, completa las oraciones con la opción correcta.

1. Los científicos que descubrieron el nuevo planeta eran _____.
   a. astronautas   b. astrónomos   c. biólogos

2. Según los científicos, en ese planeta sería posible _____ de los seres humanos.
   a. el descubrimiento   b. la supervivencia   c. la patente

3. La _____ del nuevo planeta es parecida a la de la Tierra.
   a. genética   b. red   c. gravedad

4. Todavía no se puede _____ en ese planeta porque está muy lejos.
   a. contribuir   b. aterrizar   c. inventar

5. Según la noticia, un _____ espacial tardaría demasiado tiempo en llegar al planeta.
   a. desafío   b. transbordador   c. agujero negro

3 **Transformar** Escucha cada oración y luego explica las intenciones de cada persona, usando una de estas expresiones. Después, repite la respuesta correcta. *(6 items)*

> **modelo**
>
> *Tú escuchas:* Teresa quiere viajar por el espacio y llegar a la Luna.
> *Tú lees:* ser astronauta
> *Tú dices: Teresa quiere ser astronauta.*

alcanzar el último nivel	pedir una contraseña
buscar una cámara digital	subir un archivo a la red
comprar una computadora portátil	trabajar como matemática
desarrollar un nuevo reproductor de MP3	usar un corrector ortográfico

ESTRUCTURAS

8.1 The past perfect

1 **Cuestión de gustos** Marta y Carlos están en un laboratorio de genética humana esperando el momento de su cita para determinar qué tipo de bebé les gustaría tener. Escucha su conversación y, después, determina si cada una de las oraciones es **cierta** o **falsa**, según lo que escuches.

	Cierto	Falso
1. Marta había decidido que quería una niña rubia antes de la cita.	○	○
2. Al llegar a la cita, Carlos había empezado a preocuparse.	○	○
3. El asesor genético les había dicho que no podían elegir todo lo que quisieran.	○	○
4. La pareja había decidido tener el bebé hacía una semana.	○	○
5. Marta dijo que un bebé había nacido con los dientes perfectos.	○	○

2 **Te toca a ti** Vuelve a escuchar la conversación entre Marta y Carlos. Después, completa cada oración usando el pluscuamperfecto y una palabra de cada columna.

decir	consecuencias
elegir	día
nacer	niño
pensar	problemas
tener	rubia

1. Marta _____ una niña _____ y con ojos azules.

2. Carlos no _____ en las _____.

3. El asesor genético les _____ que podían elegir el tipo de _____ que quisieran.

4. El niño con dientes _____ el _____ anterior.

5. En el siglo veinte, según Marta, los médicos _____ algunos _____.

3 **¿Qué habías hecho?** Todos tenemos momentos en la vida que son más importantes que otros. Escucha las preguntas y responde si ya habías hecho esas cosas en el año indicado.

> **modelo**
> *Tú escuchas:* ¿Ya habías nacido?
> *Tú lees:* En 1988,
> *Tú escribes:* yo ya había nacido.

1. En 1993, _____

2. En 1997, _____

3. En 2000, _____

4. En 2002, _____

5. En 2009, _____

Lab Manual

8.2 The past perfect subjunctive

1 **Una exposición** Escucha lo que dice Sandra sobre la exposición a la que asistió ayer. Después, relaciona cada frase de la columna A con la mejor opción de la columna B.

A	B
_____ 1. Lo que más le gustó fue que...	a. no hubieran tenido lugares para comprar comida.
_____ 2. Lo que más le molestó fue que...	b. hubiera habido tanta gente.
_____ 3. Le sorprendió mucho que...	c. tanta gente hubiera venido vestida con los trajes de los personajes.
_____ 4. Le alegró saber que...	d. hubieran pagado para conocer a Harrison Ford.
_____ 5. Les enojó que...	e. a Daniel lo hubieran seleccionado para representar a los fanáticos peruanos.

2 **Una fiesta divertida** Escucha esta conversación entre Mónica y su amiga Paula. Después, completa las oraciones del resumen de Paula.

1. Mónica y su hermana no estaban seguras de que los amigos de Mónica _____ durante la tormenta.

2. A Gonzalo le preocupó que Carlos _____ a Mónica a la fiesta.

3. A todos les encantó escuchar que Mónica y Gonzalo _____ casarse por fin.

4. La madre de Mónica buscó sólo trabajos que ya _____ a hacer.

5. Fue imposible que la empresa donde buscó empleo le _____ el puesto.

6. Fue una lástima que el tío Manuel no _____ a tiempo.

7. Nadie creyó que la hermana de Mónica _____ la comida.

3 **Quejas y más quejas** Se ha organizado una exposición sobre astronomía. Adriana anotó todos los comentarios negativos. Escucha las notas de Adriana y cámbialas de forma apropiada. Después, repite la respuesta correcta.

> **modelo**
> *Tú escuchas:* A Ramón no le gusta que haya asistido tanta gente a la exposición.
> *Tú lees:* Ramón / no gustar / tanta gente / a la exposición
> *Tú dices:* A Ramón no le gustó que hubiera asistido tanta gente a la exposición.

1. Emilio / molestar / tantos problemas con el telescopio

2. astronautas invitados / no parecerle bien / tanto tiempo a los astronautas del pasado

3. recepcionista / molestar / (nosotros) / a otro asistente

4. astronautas / tener miedo de / los organizadores del evento / contra posibles robos

5. representante del servicio de comida / no gustar / tantos invitados antes de la hora prevista

6. mí / no gustar / tanta gente para quejarse de todo

7. astrónoma / pensar / ser una lástima / una sala dedicada exclusivamente a las estrellas

8. organizador / tener miedo / los invitados / de la exposición

8.3 Uses of the infinitive

1

Una decisión muy dura Federico ha recibido la oferta laboral de sus sueños: buscar una cura contra el cáncer. El problema es que el sueldo es muy bajo y ahora está intentando decidir si debe aceptar la oferta. Escucha sus comentarios y, después, indica si las siguientes afirmaciones son **ciertas** o **falsas**.

	Cierto	Falso
1. Federico debe tomar una decisión hoy mismo.	○	○
2. Federico no necesita presentar los resultados del experimento hasta mañana.	○	○
3. Federico va a analizar la situación.	○	○
4. Al quedarse como ayudante, podría perder una gran oportunidad.	○	○
5. Si se queda como ayudante, no le va a faltar trabajo.	○	○
6. Federico desea buscar una cura contra el cáncer.	○	○
7. Su situación económica le prohíbe a Federico cambiar de ciudad.	○	○
8. Federico lamenta no poder trabajar en los dos sitios al mismo tiempo.	○	○
9. Federico va a seguir pensando en su casa hasta las dos.	○	○
10. Federico quiere dejar la decisión para el martes.	○	○

2

Un anuncio de radio Escucha este anuncio de radio. Después, elige la mejor opción para completar cada oración.

1. En el *Almacén Avance* se puede...
   a. comprar un telescopio.　　b. aprender a cocinar.　　c. estudiar para diseñador.

2. El *Almacén Avance* tiene los mejores diseñadores, quienes...
   a. le explican cómo mudarse.　　b. le ayudan a conocer su pareja ideal.　　c. lo ayudan a decorar su casa.

3. Si usted compra su computadora portátil en este almacén, ...
   a. ellos le enseñan a usarla.　　b. usted debe instalar los programas.　　c. puede ser más independiente.

4. En el *Almacén Avance* los niños van a...
   a. hacer sus tareas.　　b. encontrar materiales para la escuela.　　c. encontrarse con amigos.

5. Por compras mayores a 30 soles, el almacén le permite...
   a. participar en una rifa.　　b. ahorrar más dinero.　　c. llegar al centro de Lima.

3

Qué mal servicio Escucha estas quejas de un cliente en una tienda que presta mal servicio. Cambia cada oración y, después, repite la respuesta correcta.

> **modelo**
>
> *Tú escuchas:* Les comento que esto me ha sucedido varias veces.
> *Tú lees:* desear
> *Tú dices:* Deseo comentarles que esto me ha sucedido varias veces.

1. querer　　　　5. insistir en
2. negarse a　　　6. mandar
3. intentar　　　 7. ir a
4. permitir

LITERATURA

1 **Escuchar** Escucha el fragmento y selecciona la opción que mejor completa cada oración.

1. El protagonista está hablando con...

   a. un juez. b. su jefe. c. su esposa.

2. Él dice que su conducta era...

   a. mala. b. buena. c. regular.

3. Su escritorio estaba...

   a. al lado de la puerta. b. ordenado. c. sucio.

4. El protagonista...

   a. está orgulloso de sí mismo. b. está contento. c. es perezoso.

2 **Escuchar** Escucha el fragmento y selecciona la opción que mejor completa cada oración.

1. El gerente...

   a. le dio un premio. b. lo castigó. c. lo insultó.

2. Desde el principio, el protagonista...

   a. estaba relajado. b. se llevó bien con ella. c. sospechó de ella.

3. Todos los empleados la recibieron con...

   a. mucho entusiasmo. b. flores. c. una invitación a cenar.

4. El protagonista se sintió...

   a. invadido por su presencia. b. deslumbrado por su belleza. c. orgulloso de su inteligencia.

3 **Escuchar** Escucha el fragmento y selecciona la opción que mejor completa cada oración.

1. Su mujer...

   a. intentó ayudarlo. b. se enojó. c. llamó a un médico.

2. Le empresa decidió...

   a. darle más trabajo. b. contratarlo. c. despedirlo.

3. Él había trabajado en la empresa por...

   a. catorce años. b. veinte años. c. treinta años.

4. La nueva era una...

   a. secretaria. b. extranjera. c. computadora.

Lab Manual

VOCABULARIO

La tecnología y la ciencia

Ahora escucharás el vocabulario que está al final de esta lección del libro. Escucha con atención cada palabra o expresión y después repítela.

PARA EMPEZAR

Lección 9

1 **Identificación** Escucha lo que dicen Alicia, Manolo y Pilar y, después, elige qué planes tiene cada uno para el fin de semana.

	ir a un concierto de rock	jugar al tenis en un torneo	ir a bailar	ver una película	salir a comer
Alicia					
Manolo					
Pilar					

2 **Escoger** Ahora vuelve a escuchar los planes que tienen Alicia, Manolo y Pilar de la **actividad 1** y elige la opción correcta para completar cada oración.

1. Alicia es una estudiante de…
   a. medicina de tercer año. b. derecho de segundo año. c. ciencias de primer año.
2. Alicia está emocionada con el concierto del sábado por la noche porque va a…
   a. ver a Aerosmith en vivo. b. conocer a Juanes. c. ver a Bono en persona.
3. Este fin de semana, Manolo va a llevar a…
   a. su mamá al cine. b. su novia a comer a un restaurante. c. sus amigos a su casa.
4. La novia de Manolo está enojada porque él…
   a. olvidó su aniversario. b. le pidió que terminaran. c. la dejo plantada en el cine.
5. Pilar Ramos estudia….
   a. matemáticas. b. educación física. c. artes plásticas.
6. Todos los sábados por la noche, Pilar va…
   a. al cine con su novio. b. a comer con su familia. c. a bailar con sus amigos.

3 **Alicia y Pilar** Alicia y Pilar están hablando por teléfono. Escucha su conversación y determina si las afirmaciones son **ciertas** o **falsas**. Después, corrige las falsas.

	Cierto	Falso
1. Alicia está de buen humor cuando contesta el teléfono.	O	O
2. Alicia reconoce enseguida la voz de la persona que llama por teléfono.	O	O
3. Pilar y Alicia se conocen desde hace dos años.	O	O
4. El cumpleaños de Alicia es el sábado.	O	O
5. Pilar y Ricardo son novios desde el primer grado.	O	O
6. Alicia tiene ocho entradas para el concierto de U2.	O	O

ESTRUCTURAS

9.1 The future perfect

1 **¿Lógico o ilógico?** Vas a escuchar ocho conversaciones muy breves. Escúchalas con mucha atención y después indica si cada una de ellas es **lógica** o **ilógica**.

	Lógica	Ilógica			Lógica	Ilógica
1.	○	○		5.	○	○
2.	○	○		6.	○	○
3.	○	○		7.	○	○
4.	○	○		8.	○	○

2 **Metas** Escucha las metas de María Fernanda, una joven y ambiciosa periodista, y completa las oraciones. Sigue el modelo.

> **modelo**
>
> *Tú escuchas:* Antes del domingo: terminar de leer el libro.
> *Tú lees:* Para el domingo, <blank> de leer el libro.
> *Tú escribes:* Para el domingo *habré terminado* de leer el libro.

1. Para el próximo fin de semana, _____ con el director del periódico.

2. Para fin de mayo, _____ al Gobernador Gutiérrez.

3. Para fin de julio, _____ el manuscrito de la biografía del presidente.

4. Para fin de septiembre, _____ un borrador de la biografía.

5. Para fin de año, me _____ la nariz para tener mi propio programa de televisión.

3 **Las vacaciones de Carlos** Escucha la conversación entre Mario y su amigo Carlos. Completa las oraciones usando el futuro perfecto y eligiendo la opción correcta para terminar cada una.

1. Mario se imagina que Carlos ya _____ los boletos...
   a. de avión.   b. de tren.   c. de bus.

2. Para el lunes, Carlos ya _____ a...
   a. Buenos Aires.   b. Punta del Este.   c. Montevideo.

3. Mario supone que Carlos _____ mucho dinero para...
   a. poder ir de vacaciones.   b. comprar un carro nuevo.   c. casarse con su novia.

4. Carlos piensa que si Mario empieza a ahorrar ahora, en un año _____ suficiente dinero para...
   a. hacer un viaje divertido.   b. construir una casa.   c. comprar un avión.

5. Mario cree que por su broma, Carlos _____ que él es...
   a. gracioso.   b. malo.   c. envidioso.

6. Carlos se despide porque piensa que su mamá ya _____ a...
   a. empacar las maletas.   b. preguntarse dónde está su hijo.   c. limpiar la casa.

Lab Manual

9.2 The conditional perfect

1 **¡Cancelada!** La competencia deportiva que organizaba Manuela se canceló. Por eso, desafortunadamente, ninguno de sus planes se realizó. Escucha sus planes y vuelve a escribirlos usando el condicional perfecto. Sigue el modelo.

> **modelo**
>
> *Tú escuchas:* Para el martes, ya te las habré enviado por correo electrónico.
> *Tú escribes:* Para el martes, ya te las *habría enviado* por correo electrónico.

1. Los dos equipos de fútbol de la región _____ al aeropuerto.

2. Los atletas _____ en contacto con el club.

3. El viernes _____ a funcionar las actividades de ocio.

4. _____ una zona de videojuegos.

5. _____ organizar todo perfectamente.

2 **Ponte en su lugar** Ignacio te va a explicar lo que hizo en varias situaciones en las que se encontró durante el último año. Escúchalo y, después, indica qué habrías hecho tú en su lugar. *(5 items)*

> **modelo**
>
> *Tú escuchas:* Me prometieron cantar con mi grupo en un teatro muy importante y, después de haber ensayado mucho, la directora me dijo que había cambiado de opinión. Yo acepté su decisión y no dije nada.
> *Tú eliges:* exigir dinero por mi trabajo
> *Tú dices:* Yo habría exigido dinero por mi trabajo.

demandar a la compañía discográfica	ir a la entrevista mañana
comprar una computadora nueva	decirle que le deseo lo mejor del mundo
contratar a otro guitarrista	estudiar alemán este semestre
correr la voz de que él robó mi composición	seguir trabajando duro para lograr mis metas

3 **Las excusas** Imagina que tu amiga te cuenta estas situaciones, para las cuales tú crees tener la excusa perfecta. Dile qué excusa habrías usado en cada situación. Sigue el modelo. Después, repite la respuesta correcta.

> **modelo**
>
> *Tú escuchas:* Mi abuela me pidió que fuera a visitarla.
> *Tú lees:* vivir lejos y no tener carro
> *Tú dices:* Yo le habría dicho que vivo muy lejos y que no tengo carro.

1. no tener tiempo para leer

2. tener que ir a la feria con mi sobrino Andrés

3. no tener dinero para ir de compras

4. doler la rodilla y no poder correr

5. tener una reunión con mi equipo de boliche

Lab Manual

9.3 *Si* clauses

1 **No es mi culpa** Manuela, la jefa de Armando, no sabe aceptar las críticas. Por eso, cada vez que algo sale mal, ella le echa la culpa a las circunstancias, en vez de asumir la responsabilidad por lo que pasó. Escucha lo que dice y termina cada una de sus oraciones con la respuesta más lógica.

1. a) yo habría contratado a alguien para que la ayudara.
   b) yo no habría hecho nada al respecto.

2. a) yo habría enviado más invitaciones antes de la competencia.
   b) yo habría sabido exactamente cuántas personas irían a la competencia.

3. a) no habríamos tenido tantos problemas.
   b) no habrían venido los atletas.

4. a) los deportistas habrían venido a mi apartamento.
   b) los equipos de fútbol no habrían cancelado su viaje.

5. a) yo los habría invitado a cenar todas las noches.
   b) yo los habría llevado al aeropuerto.

6. a) habría revisado todos los detalles para que todo saliera bien.
   b) habría contratado a otra persona para hacer mi trabajo.

2 **Qué habría pasado** Gabriel está pensando en su vida y en los errores que ha cometido. Escucha lo que dice y forma oraciones con el condicional perfecto para expresar lo que él habría hecho de una forma diferente. Sigue el modelo. Después, repite la respuesta correcta.

> **modelo**
> *Tú escuchas:* Yo nunca estudiaba para los exámenes; por eso perdí mi beca universitaria.
> *Tú lees:* estudiar / exámenes
> *Tú dices:* Si lo hubiera sabido, habría estudiado para los exámenes.

1. dar / tanto dinero

2. ser / responsable

3. buscar / trabajo

4. pagar / deudas

5. no rechazar / trabajo

6. no jugar / fútbol

3 **Viaje a Tierra del Fuego** Escucha lo que dice Sergio sobre su viaje a Tierra del Fuego. Después, relaciona cada frase de la columna A con la mejor opción de la columna B.

A	B
_____ 1. Si hubiera sabido que era tan divertido…	a. se habría accidentado.
_____ 2. Si el guía no le hubiera aconsejado qué ropa usar…	b. habría ido antes.
_____ 3. Si hubiera caminado sobre el Glaciar Martial…	c. volvería a Tierra del Fuego este año.
_____ 4. Si no hubiera hecho el curso de español…	d. se habría muerto de frío.
_____ 5. Si tuviera dinero…	e. se habría arrepentido.

LITERATURA

1 **Escuchar** Escucha el cuento y marca si lo que afirman las oraciones es **cierto** o **falso**.

	Cierto	Falso
1. El dragón pasea por la ciudad llena de gente.	○	○
2. Sigue un olor hasta llegar a un lugar viejo.	○	○
3. El dragón se para a observar a un niño que está jugando.	○	○
4. El niño está soñando con el dragón.	○	○
5. El dragón ve que al niño le están saliendo unas alas pequeñas.	○	○
6. El dragón besa al niño.	○	○
7. El niño se despierta y ve al dragón.	○	○
8. El dragón se va de la habitación.	○	○
9. Hubo un fuego en la habitación.	○	○
10. El niño recordó cómo había empezado el incendio.	○	○

2 **Interpretar** Escucha las preguntas y después contesta según tu opinión.

1. _____
_____.

2. _____
_____.

3. _____
_____.

4. _____
_____.

Lab Manual

Las diversiones

Ahora escucharás el vocabulario que está al final de esta lección del libro. Escucha con atención cada palabra o expresión y después repítela.

Lab Manual

PARA EMPEZAR

Lección 10

1 **¿Qué quiere decir?** Juan está hablando sobre su amiga Gaby. Escucha sus comentarios y selecciona la oración que mejor exprese la misma idea.

1. _____ a. Gaby se siente muy sola.

   _____ b. A Gaby no le interesan las polémicas.

   _____ c. Gaby tiene muchos ideales.

2. _____ a. Ella ha decidido no asimilarse.

   _____ b. Ella ha emigrado a otro país.

   _____ c. Ella ha podido lograr sus objetivos.

3. _____ a. Ella es monolingüe.

   _____ b. Ella es valiente y trabajadora.

   _____ c. Ella no tiene trabajo porque sufre de insomnio.

4. _____ a. Tiene problemas de autoestima en ocasiones.

   _____ b. Ella en ocasiones se siente triste.

   _____ c. A ella siempre le preocupa el maltrato.

2 **Conversación** Escucha la conversación telefónica entre Gaby y sus padres y completa las oraciones.

1. Gaby cree que _____ rápido a la nueva ciudad.

2. Los padres de Gaby hablan todo el tiempo sobre ella porque ellos _____.

3. A Gaby le dio mucha pena _____ de sus padres.

4. El papá está seguro de que Gaby _____ que quiera.

5. Según Gaby, Barcelona es _____,
   tiene un _____ y hay _____.

3 **Definiciones** Escucha las definiciones y elige la palabra de la lista que mejor complete las oraciones. Escribe delante de cada palabra el número de la oración a la que corresponde. Después, repite la respuesta correcta.

_____ meta	_____ diversidad
_____ emigrante	_____ nivel de vida
_____ despedirse	_____ diálogo

Lab Manual

ESTRUCTURAS

10.1 The passive voice

1

Completar Escucha lo que dice el periodista y completa cada oración con el participio del verbo apropiado.

1. (criticar/recibir) _____
2. (elegir/adivinar) _____
3. (escuchar/aumentar) _____
4. (disminuir/discutir) _____
5. (criticar/predecir) _____
6. (superar/abrir) _____

2

La campaña Pilar está preparando un resumen de las presentaciones políticas que tuvieron lugar en la universidad durante la semana pasada. Escúchala y vuelve a escribir cada oración usando la forma pasiva.

> **modelo**
>
> *Tú escuchas:* Los estudiantes escucharon a los candidatos.
>
> *Tú escribes:* Los candidatos *fueron escuchados* por los estudiantes.

1. Los discursos _____ por los candidatos.
2. La candidatura de Gaby López _____ por el presidente de la universidad.
3. Una reunión _____ por la Asociación para hablar contra la discriminación.
4. Los carteles _____ por Gaby.
5. Los carteles _____ por los estudiantes.
6. Una fecha para la próxima reunión _____ por la Asociación.

3

Los titulares Eres nuevo/a en el periódico *Buen Día* y tu jefe te ha pedido que escribas los titulares de la edición de mañana. Escucha las oraciones en voz activa y conviértelas a voz pasiva; comienza cada oración con las frases que ves en el texto. Después, repite la respuesta correcta.

> **modelo**
>
> *Tú escuchas:* La superpoblación afecta el nivel de vida de los habitantes.
>
> *Tú lees:* El nivel de vida de los habitantes...
>
> *Tú dices:* El nivel de vida de los habitantes es afectado por la superpoblación.

1. El caos del país...
2. La inestabilidad económica...
3. Las metas para este año...
4. Nuestro idioma oficial...
5. La frontera...
6. Las nuevas medidas del gobierno...

Lab Manual

10.2 Negative and affirmative expressions

1 **La falta de palabras** Eduardo es actor y tiene una reunión con un director importante. El problema es que Eduardo se pone muy nervioso y no puede terminar sus oraciones. Escucha lo que dice y elige la mejor opción para completar cada una de las oraciones.

1. a. pensar más en ello.
   b. comer una hamburguesa.
2. a. cuándo es mi cumpleaños.
   b. el nombre del director.
3. a. a ninguno de los actores.
   b. debo.
4. a. soy famoso.
   b. tendré que buscar otro trabajo.
5. a. qué otra cosa podría hacer para ganarme la vida.
   b. qué tiempo hace hoy.
6. a. quiero pasarme la vida buscando el trabajo ideal.
   b. tengo tiempo para divertirme.

2 **¡Qué diferentes!** Eduardo y su primo Héctor son muy diferentes. Escucha las oraciones y complétalas con palabras afirmativas o negativas.

1. A Eduardo _____ le gusta _____ arreglarse.

2. Héctor _____ se viste elegantemente.

3. A Eduardo no le preocupa _____ su aspecto físico _____ su salud.

4. Ah, y Eduardo sólo hace su cama _____ mañanas.

5. Tienen una cosa en común: a Héctor no le gusta salir a _____ restaurante y a Eduardo _____.

3 **Una persona negativa** Eres un cantante famoso y un periodista quiere hacerte algunas preguntas, pero hoy estás de mal humor. A todo contestas de manera negativa. Escucha las preguntas y contéstalas usando las palabras que ves en el texto. Después, repite la respuesta correcta.

> **modelo**
> *Tú escuchas:* ¿Te gusta comer en tu casa o en un restaurante elegante?
> *Tú lees:* no, ni... ni
> *Tú dices: No me gusta ni comer en mi casa ni en un restaurante elegante.*

1. no, ningún
2. no, ni... ni
3. no, tampoco
4. nunca
5. no, nadie

10.3 Summary of the indicative and the subjunctive

1

Datos incompletos Escucha las oraciones y completa cada una con la opción más apropiada de la lista.

1. a. lucharan continuamente.

   b. aprendieran a convivir en paz.

   c. oprimieran a los más débiles.

2. a. en los países desarrollados.

   b. en la Edad Media.

   c. con un sistema de esclavitud.

3. a. haya tanta armonía entre los pueblos.

   b. haya tantos barrios.

   c. haya tanto racismo.

4. a. él no habría sido famoso.

   b. él no habría visto el mar.

   c. el rey Fernando se habría divorciado de Isabel.

5. a. se termine la semana.

   b. destruyamos el planeta con otra guerra mundial.

   c. el guerrero se rinda (*surrenders*).

6. a. probablemente hubiera habido menos problemas entre ellos.

   b. seguro que no se hubieran escrito muchas cartas.

   c. habrían viajado a Europa juntos en un viaje de placer.

2

Preguntas Escucha las preguntas y respóndelas en subjuntivo o indicativo usando las palabras que ves en el texto. Después, repite la respuesta correcta.

> **modelo**
>
> *Tú escuchas:* ¿Qué te molestó de la conferencia de ayer?
> *Tú lees:* haber / suficientes sillas para todos los participantes
> *Tú dices: Me molestó que no hubiera suficientes sillas para todos los participantes.*

1. rechazar / una oferta de trabajo

2. cruzar / la frontera

3. el desempleo / disminuir un cinco por ciento

4. alcanzar / sus metas

5. aprobar / nuevas leyes

6. haber / una protesta

7. no poder / cumplir todas sus promesas

8. el congreso / no haber hecho un esfuerzo para escucharlos

Lab Manual

LITERATURA

1 **Escuchar** Escucha el fragmento y marca si lo que afirman las oraciones es **cierto** o **falso**.

	Cierto	Falso
1. El cuento comienza una mañana.	O	O
2. La señora del presentimiento tiene tres hijos.	O	O
3. La carambola que no logra hacer el joven es muy sencilla.	O	O
4. El joven se niega a pagar el peso que apostó.	O	O
5. El joven les cuenta a los otros el presentimiento de su madre.	O	O

2 **Escuchar** Escucha el fragmento y marca si lo que afirman las oraciones es **cierto** o **falso**.

	Cierto	Falso
1. Todos se asustan mucho con lo que cuenta el joven.	O	O
2. El que ganó la apuesta llama "tonto" al que perdió.	O	O
3. El carnicero jura a todos que él sabe lo que pasará en el pueblo.	O	O
4. La gente no presta atención a los rumores.	O	O
5. Ese día, el carnicero se queda sin carne.	O	O

3 **Escuchar** Escucha el fragmento y marca si lo que afirman las oraciones es **cierto** o **falso**.

	Cierto	Falso
1. Por la tarde, todo el pueblo está en suspenso y deja de trabajar.	O	O
2. En ese pueblo, los músicos tocan siempre a la sombra para evitar el calor.	O	O
3. La plaza está totalmente desierta.	O	O
4. Aparece una señal que tranquiliza a todos.	O	O
5. Nunca se han visto pajaritos en el pueblo.	O	O

4 **Interpretar** Escucha el fragmento y, después, contesta las preguntas.

1. Inicialmente, ¿qué les impide a los habitantes marcharse del pueblo?

2. ¿Por qué incendia su casa uno de los últimos en irse?

3. ¿De qué huyen todos?

4. ¿Qué cosa grave pasa en el pueblo finalmente?

Lab Manual

VOCABULARIO

Nuestro futuro

Ahora escucharás el vocabulario que está al final de esta lección del libro. Escucha con atención cada palabra o expresión y después repítela.